Andy Warhol, Isa Genzken, On Kawara, Rosemarie Trockel – von Kindheit an ist Johann König umgeben von großen Künstlern und ihrer Kunst. Mit Zwanzig gründet er eine Galerie, obwohl er kaum etwas sieht.

Was bedeutet es, nicht sehen zu können und Galerist zu werden? Was ist Sehen, wenn die Welt um einen herum verschwimmt? Als Kind bekommt Johann König von Gerhard Richter Indianerkassetten geschenkt. Sein Vater Kasper nimmt ihn mit in die Städelschule und nach New York in das Atelier von Jeff Koons. Ein tragischer Unfall mit zwölf Jahren wirft ihn komplett aus der Bahn. Am tiefsten Punkt erkennt er, dass Kunst seine Rettung ist. In einer Betonkirche aus den Sechzigern betreibt er heute eine der spektakulärsten Galerien Deutschlands.

JOHANN KÖNIG, geboren 1981, ist Galerist. Seine Berliner Galerie gilt als einer der wichtigsten Orte für Gegenwartskunst. Seit 2015 ist die KÖNIG GALERIE in der umgebauten St.-Agnes-Kirche in Kreuzberg. 2017 eröffnete er eine weitere Galerie in einer ehemaligen Tiefgarage in London und 2019 eine Dependance in Tokio. Die von ihm vertretenen Künstlerinnen und Künstler sind in Museen und Sammlungen der ganzen Welt vertreten.

DANIEL SCHREIBER, geboren 1977, ist Autor der Susan-Sontag-Biografie *Geist und Glamour* (2007) und der Essaybände *Nüchtern* (2014), *Zuhause* (2017) und *Allein* (2021).

Johann König
mit Daniel Schreiber

BLINDER GALERIST

Ullstein

Besuchen Sie uns im Internet:

www.ullstein.de

Wir verpflichten uns zu Nachhaltigkeit
- Klimaneutrales Produkt
- Papiere aus nachhaltiger
  Waldwirtschaft und anderen
  kontrollierten Quellen
- ullstein.de/nachhaltigkeit

FSC
MIX
Papier
FSC® C083411

Ungekürzte Ausgabe im Ullstein Taschenbuch
1. Auflage Oktober 2022
2. Auflage Januar 2023
© Ullstein Buchverlage GmbH, Berlin 2019/Propyläen
Umschlaggestaltung: zero-media.net, München nach einer Vorlage
von Sabine Wimmer, Berlin
Titelabbildung: © Murat Aslan, Berlin
Satz: LVD GmbH, Berlin
Gesetzt aus der Granjon LT
Druck und Bindearbeiten: CPI books GmbH, Leck
ISBN 978-3-548-06301-0

Für Greti, Karli, Rita und Franz
und für Lena

1

Vor einer riesigen Anzeigetafel auf dem Flughafen London Heathrow versuche ich herauszufinden, von welchem Gate mein Flug nach Miami geht. Ich muss zur Art Basel Miami Beach. Die Kunstmesse am sonnigen Strand der Ostküste Floridas findet jedes Jahr Anfang Dezember statt. Wobei man als Galerist von Sonne und Sand wenig mitbekommt, stattdessen viel von Neonlicht und Betonböden. Sie stellt nicht nur den Abschluss des Jahres für die internationale Kunstkarawane dar, sie ist auch eine der wichtigsten und umsatzstärksten Messen der Welt. Wenn man sich auf dem globalen Kunstmarkt behaupten will, ist die Anwesenheit in Miami Pflicht – zumindest wird das einem suggeriert. Seit siebzehn Jahren gibt es die Messe, seit fünfzehn Jahren bin ich mit meiner Galerie dabei.

Allein zu reisen ist anstrengend. Ich brauche einfach viel länger, um mich zu orientieren. Die Ansagen des Flughafens, Warnungen, das Gepäck nicht unbeaufsichtigt stehen zu lassen, die Stimmen der Menschenmassen um mich herum, in vielen Sprachen. Einige der Leute rempeln mich an, während ich nach meinem Handy greife, um ein Foto von der Anzeigetafel zu machen. Manchmal gelingt es mir, mit meinem einen, noch sehenden Auge die Tafel systematisch abzusuchen und Abflugzeit, Flugsteig und etwaige Veränderungen des nächsten Flugs so zu erkennen. Ich muss dann nur ganz nah herantreten und mich anstrengen. Da ich auch in diesem Auge keine Pupille mehr habe, ist es möglich, meine Brille ganz weit nach vorne auf die Nase zu schieben und sie als eine Art Lupenglas zu benutzen. Abflugzeit, Airline, Gate. Ich kann sehen: Das ist diese Information, das diese, und dann auch, links, rechts, wo muss ich lang.

Heute muss ich die Anzeigetafel abfotografieren und das Foto auf meinem Smartphone großzoomen, um mich zurechtzufinden. Oft liege ich beim Abfotografieren auch daneben. Es gelingt mir nur selten beim ersten Versuch. Meistens fotografiere ich eine der falschen Spalten ab, bin zu weit oben oder zu weit unten gelandet. Das hängt auch stark von den Lichtverhältnissen und vom Abstand zur Anzeigetafel ab. Manchmal ist das Foto unscharf, das bringt dann auch wieder nichts. Auch das Zoomen selbst ist nicht einfach, oft sorgt die kleinste Handbewegung dafür, dass ich den Fokus verliere.

Wenn ich dann weiß, dass ich zu Terminal A, B oder C muss, – muss ich das erst einmal finden. Das geht schon alles irgendwie, aber ich brauche einfach länger, und das liegt mir überhaupt nicht. Die Situation wird dadurch erschwert, dass die meisten Menschen nicht erkennen können, dass ich schlecht sehe. Manchmal bitte ich um Hilfe. Nur kann man sich nicht immer auf die Hinweise anderer Leute verlassen, oft vertun sie sich auch, was in Situationen wie dieser katastrophale Auswirkungen hätte. Den Flug zu verpassen hieße, die Messeeröffnung und die Preview für die Sammler zu verpassen, auf der man für gewöhnlich den Großteil seines Umsatzes macht. Ich muss manchmal daran denken, wie ich eine Zeit lang Touristen in Berlin konsequent in die falsche Richtung geschickt habe. Das fand ich damals sehr lustig. Wenn man auf der anderen Seite steht, ändert sich die Perspektive darauf natürlich.

Irgendwann weiß ich, wo es langgeht. Das kann eine Weile dauern, deswegen nehme ich mir immer wieder vor, für jede Reise mehr Zeit einzuplanen – mehr Zeit zwischen den Flügen, mehr Zeit am Flughafen. In der Regel gelingt es mir nicht, dann ist es ein großes Gehetze. Beim Einsteigen weise ich mit einem Fingerzeig auf meine Augen und bitte darum, vorgelassen zu werden. Meist ist es dann nicht nötig, meinen Behindertenausweis vorzuzeigen, der mir oft das Anstehen erspart, was mir ebenfalls nicht liegt. Auf Mitmenschen, die in solchen Momenten nicht gleich sehen, dass ich eine Behinderung habe, wirkt es daher bisweilen so, als würde ich mich rüpelhaft vordrängeln und ohne Not eine Extrabehandlung einfordern. Dieser Eindruck wird dabei noch einmal ausgesprochen negativ verstärkt, da ich wegen meines eingeschränkten Blickfeldes und des fehlenden räumlichen Sehens schon mehr Leute angerempelt habe oder ihnen auf den Fuß gestiegen bin als der allergrößte Teil der übrigen Menschheit. Ganz zu schweigen von den zahlreichen

Dingen, die schon zu Bruch gegangen sind, da ich sie fallen gelassen oder ungeschickt benutzt habe oder da ich einfach gegen sie gelaufen bin – von dem antiken Billardtisch eines großen deutschen Verlegers bis hin zu der mehrere zehntausend Euro teuren Armbanduhr eines Bekannten. Dass mich überhaupt noch eine Haftpflichtversicherung unter die Fittiche nimmt, kann ich nur mit Dankbarkeit quittieren.

Es ist mühsam, meinen Sitzplatz im Flugzeug zu finden. Die Flugbegleiter schicken einen freundlich in die richtige Richtung, aber das ist alles, und die Beschriftung über den Sitzen ist so klein, dass ich so dicht an die Konsole herantreten muss, dass ich sie fast mit der Nase berühre.

Irgendwann sitze ich auf meinem Platz und stelle mich auf die zehnstündige Flugzeit ein. Einige Leute sehen und grüßen mich, als müsste ich sie kennen. Allerdings weiß ich bei einigen nicht, wer sie sind, weil ich Leute schlechter erkennen kann, sobald ich ihnen nicht in ihrem eigenen Umfeld begegne. Mir ist bewusst, dass sie auch auf die Messe wollen, schließlich sitzen wir im selben Flieger, deshalb grüße ich mit großer Geste jeden zurück.

Wenn ich auf meinem Platz sitze, schaue ich sofort die E-Mails durch, die reingekommen sind, seit ich aus dem Taxi gestiegen bin. Viele Menschen können ja im Flugzeug meditieren, das bewundere ich, aber ich schaffe das nie. Dann beginne ich, mich auf die Messe vorzubereiten und noch einmal die Fotos und Beschreibungen aller Werke durchzuschauen, die wir sechs Wochen zuvor per Seefracht verschickt haben. Galeriemitarbeiter sollten sie mithilfe in Miami ansässiger Speditionen schon in unserem Messestand installiert haben. Darunter befinden sich Werke von Künstlern, die teilweise schon seit der Gründung der Galerie im Jahr 2002 dabei sind. Sie sind zu Weggefährten und zu international bekannten Künstlern geworden. Die zwei Meter große und drei Meter lange *Parallel Sine Curve* des Dänen Jeppe Hein ist unter den Arbeiten, die wir auf der Messe zeigen – ein raumgreifender Parcours aus polierten Edelstahlstreben, der die Betrachter wie magisch anzieht und zur Interaktion anregt. Ein philosophisch untermauertes Gold-und-Silber-Bild von Jorinde Voigt, konzeptuelle Abstraktion voller Poesie. Eine Installation aus der Serie *Hemmungsloser Widerstand* der in Polen geborenen Künstlerin Alicja Kwade, eine Komposition aus Steinen und Glas, die trotz ihrer Zartheit und Stille das Gefühl vermittelt, dass sie jeden Augenblick zerbrechen könnte. Wir zeigen aber auch die Werke des Fotografen Andreas Mühe, Skulpturen der Schweizerin Claudia Comte sowie großformatige Zeichnungen des Belgiers Rinus van de Velde, die ich erst kürzlich für die Galerie entdeckt habe. Es gibt wahrscheinlich Schlimmeres, als aus dem Berliner Winter ins warme Florida zu fliegen, denke ich. Messehalle hin oder her.

———

Unsere Gesellschaft ist eine Gesellschaft der Sehenden. Alles um uns herum ist auf das Sehen aufgebaut. Das versteht man erst, wenn man nicht mehr oder schlecht sieht. Unser ganzes

Leben hängt vom Sehen ab. In diesem Sinne sind Blindheit und Sehbehinderung – wie jede andere Behinderung auch – zunächst eine Kategorie sozialer Ungleichheit. Um ein gleichberechtigtes Mitglied unserer Gesellschaft zu sein, muss man konkrete physische Voraussetzungen erfüllen – das Sehen ist eine Hauptvoraussetzung dafür. Es ist kein Zufall, dass die Denker der Aufklärung ihre Ideen von Erkenntnis und Rationalität mit Licht- und Sehmetaphern illuminierten, ihre Gedanken zur Unmündigkeit des Menschen aber mit Bildern von Blindheit und Dunkelheit beschrieben. Daran hat sich bis heute kaum etwas geändert. Wie auch. Über Blindheit wird selten gesprochen, sie wird von den meisten Menschen nicht reflektiert, schlicht weil sie davon nicht betroffen sind. Schon seit Jahrhunderten werden Blinde entweder mit negativen Stereotypen des Mitleids oder gar der Bedrohung beschrieben oder aber mit Stereotypen der Bewunderung, wenn es um die besonders selbstständigen, besonders brillanten Blinden geht, die trotz ihrer Behinderung über sich hinausgewachsen sind und viel erreicht haben. Arme Figur oder Superheld, andere kulturelle Bilder gibt es nicht. Für den normalen Blinden oder Sehbehinderten, für seinen Alltag und sein Leben, gibt es kein gesellschaftliches Bild.

Natürlich ist Blindheit nicht gleich Blindheit und Sehbehinderung nicht gleich Sehbehinderung. Ich war zwölf Jahre alt, als ich bei einem Unfall – dazu später mehr – mein Augenlicht verlor. Lange Zeit sah es so aus, als würde ich nie wieder etwas sehen können. Gesetzlich wird Blindheit als eine Sehfähigkeit von unter zwei Prozent oder als ein Gesichtsfeld von unter fünf Grad definiert – diese Grenze klingt erst einmal theoretisch, aber sie markiert einen entscheidenden Unterschied. Den Unterschied, ob man sich in seiner Umgebung wenigstens ansatzweise noch visuell orientieren kann, ob man in der Lage ist, zwischen Licht und Schatten zu unterscheiden, zwischen Tag und Nacht, ob man überhaupt noch einen Zugang zur Welt der Sehenden hat, egal wie eingeschränkt dieser Zugang auch ist.

Es dauerte einige Jahre, bis ich nach mehreren Operationen auf meinem linken Auge wieder einige Prozent sehen konnte und es mithilfe einer Brillenstärke von 16 Dioptrien in die verschwommene Welt der Sehbehinderten schaffte. In dieser Zeit besuchte ich die Blindenstudienanstalt in Marburg – einer der besten Orte für Blinde und Sehbehinderte in Deutschland, an dem mir neben allem Wissen auch ein Vertrauen in meine Fähigkeiten vermittelt wurde. Noch bevor ich dort die letzten Abiturprüfungen abgeschlossen hatte, gründete ich meine Galerie in Berlin. Im Nachhinein ein verrückter Plan. Sieben Jahre später, im Jahr 2009, gelangte ich nach langem Suchen und Nachfragen an einen Freiburger Spezialisten, der ein neues Verfahren bei Hornhauttransplantationen einsetzte. Nach dieser Operation stieg meine Sehfähigkeit im linken Auge abermals an – eine »normale« Sehbehinderung und ein Befreiungsschlag, der mir ungeahnte Möglichkeiten eröffnete.

Eigentlich wollte ich nie Galerist werden, lange wollte ich noch nicht einmal etwas mit Kunst zu tun haben. Ich bin mit Kunst aufgewachsen, und man rebelliert ja immer gegen das, was man kennt. Meine Mutter Edda Köchl-König war Schauspielerin und Illustratorin für Magazine und Kinderbücher, mein Vater Kasper König ein Ausstellungsmacher, wie es damals hieß, und später der Direktor des Kölner Museums Ludwig. Mein Onkel Walther König betrieb eine nach ihm benannte Kunstbuchhandlung und den dazugehörigen Verlag. Die internationale Kunstszene ging bei uns zu Hause in der Ehrenstraße ein und aus. Köln war in den 1980er-Jahren die große Kunstmetropole Europas – auf Augenhöhe mit New York. Isa Genzken, Franz West, Martin Kippenberger, Hanne Darboven, Andy Warhol, Claes Oldenburg, David Hockney und Rosemarie Trockel kamen uns besuchen. Gerhard Richter war Trauzeuge meiner Eltern. Dan Graham wohnte zeitweise bei uns. Mit On Kawara fuhren wir in den Urlaub. Nam June Paik war nach einer »Fluxus-Taufe« mein Patenonkel. Ich bin ganz selbstverständlich in einer von Kunst geprägten Welt aufgewachsen. Mein Bruder Leo, der heute als Kunsthändler in New York arbeitet, und ich haben zwischen einer *Brillo Box* von Andy Warhol, einer *Concetto spaziale*-Bronze von Lucio Fontana und einem Sofa von Franz West Fußball gespielt.

Aber als Kind hat es mich auch oft genervt, dass es nirgendwo so etwas wie einen kunstfreien Raum oder auch nur so etwas wie einen kunstfreien Tag gab, dass jeden Augenblick Gäste vorbeikommen konnten und ich nie die ungeteilte Aufmerksamkeit meiner Eltern hatte. Kasper schleifte mich überall mit hin, zu jedem Künstler, zu jedem Atelierbesuch, in jedes noch so gottverdammte Museum, in jeden Off-Space. Nicht einmal in den

Ferien blieb ich davon verschont. Egal, wohin wir fuhren, es hatte immer irgendetwas mit Kunst zu tun. Kunst. Kunst. Kunst. Dauernd nur Kunst. Viele Jahre lang fand ich Kunst das Schlimmste.

Natürlich ist es ein großes Geschenk, schon als Kind so viel gesehen, so viel Kunst erfahren, so viele spannende Leute kennengelernt und überhaupt so viel mitbekommen zu haben. Im Nachhinein verstehe ich, dass ich unheimliches Glück hatte, in so einer Umgebung aufzuwachsen – ein Privileg. Ich habe von Anfang an gelernt, dass Kunst so viel mehr als Sehen ist, dass sie das bloße Visuelle übersteigt. Die Bilder, die im Kopf entstehen, sind genauso wichtig wie die Bilder an der Wand und häufig sogar noch wichtiger als diese. Kunst erzeugt Unklarheiten, die Bedeutung eines Werks erschließt sich häufig erst durch den Zusammenhang. Wer mehr weiß, sieht auch mehr. Kunst bedeutet Dialog, man kann sie auch physisch erfahren, sie beruht häufig auf Konzepten und steht oft auch mit anderen Genres kultureller Produktion in Berührung – mit der Musik, der Mode, der Literatur und der Philosophie. Dank meines Umfelds habe ich schon als Kind intuitiv begreifen können, dass die wichtigste Eigenschaft von Kunst, ihre Einzigartigkeit, darin liegt, unser Verständnis vom Leben, auf das wir uns versteift haben, unsere unhinterfragte Weltsicht, aufzubrechen. Künstler hinterfragen mit ihren Werken so lange die grundsätzlichsten Dinge, bis sie auf etwas Neues stoßen. Ich weiß nicht, was nach meinem Unfall aus mir geworden wäre, wenn ich all das nicht schon vorher in mich aufgesogen hätte. Irgendwann habe ich verstanden, dass mir nichts anderes so viel Freiheit schenkt und so viel Enthusiasmus in mir auslöst wie der Umgang mit Kunst.

Die Galeriegründung war naiv und vermessen. Anfangs wusste ich nur vom Hörensagen über das Führen einer Galerie, und in den ersten Jahren sah es auch so aus, als würde Johann König, Berlin – heute nennen wir uns KÖNIG GALERIE – wie viele andere neugegründete Berliner Galerien jener Zeit untergehen. Hätte ich damals gewusst, was ich heute weiß, hätte ich gewusst, wie viel Energie, Arbeit und Aufopferung in das Wachstum der Galerie fließen würden, wäre ich das Ganze wahrscheinlich nie angegangen. Dennoch, im Grunde war die Galeriegründung so etwas wie ein logischer Schritt. Trotz des Umstands, dass ich in dem Bereich arbeiten würde, in dem es traditionell am meisten um das Sehen geht. So kam es, dass ich, wie es die Künstlerin Ayşe Erkmen damals ausdrückte, der »erste und wahrscheinlich auch einzige blinde Galerist der Welt« wurde.

Die KÖNIG GALERIE ist heute ein internationales Unternehmen mit Standorten in Berlin und London, das inzwischen mehr als vierzig Mitarbeiter beschäftigt. Pro Jahr nehmen wir an fünfzehn bis achtzehn Kunstmessen auf der ganzen Welt teil – von Madrid, Paris, Basel und London bis hin zu Seoul, Shanghai, Hongkong, New York und Los Angeles. Wir glauben an die von uns vertretenen Künstler, und unsere Arbeit für sie hat mit dafür gesorgt, dass ihre Werke inzwischen in den wichtigsten öffentlichen und privaten Museen und Kunstsammlungen der Welt hängen. Wir haben oft einen langen Atem bewiesen und auch an

Positionen geglaubt, an denen die breite Kunstwelt lange nicht richtig interessiert war. So etwa im Fall der Sound- und Installationskünstlerin Natascha Sadr Haghighian, die wir seit 2003 ausstellen und die nun den deutschen Pavillon bei der 58. Venedig-Biennale 2019 bespielt.

Die ganze Kunstwelt steckt gerade in einem massiven Umbruch, von dem man nicht weiß, wohin er führt. Wir sind gezwungen, darauf mit neuen Konzepten zu reagieren. Nicht nur die Globalisierung macht deutschen Galerien zu schaffen, sondern auch die politisch und steuerlich alles andere als idealen Rahmenbedingungen in Deutschland, die unter anderem dafür sorgen, dass man das Werk eines deutschen Künstlers im Ausland sehr viel preiswerter bekommt als hier. Das klassische Galeriemodell mit dem Künstler auf der einen Seite und der Galerie auf der anderen scheint immer weniger zeitgemäß zu werden. Es ist ein ziemlich hartes Geschäft, bei dem, wie überall sonst auch, permanentes Wachstum gefordert ist. Mit all den Messen, Ausstellungen, Kooperationen und Veranstaltungen ist es heute sehr viel aufwendiger, eine Galerie zu führen, als noch vor zehn Jahren – es macht aber auch viel mehr Spaß. So etwas wie eine »mittelständische Galerie« gibt es kaum noch. Entweder man gibt sich mit Kleinem zufrieden oder man kommt groß raus – und wenn man groß rausgekommen ist, lebt man mit dem ständigen Druck, seinen Status als Global Player zu halten und auszubauen. Der Markt entwickelt sich gerade dahin, dass die Sammler immer mehr auf etablierte Positionen setzen. Junge Künstler bleiben weitgehend außen vor. Das bedeutet auch, dass die Nachwuchsarbeit, die wir betreiben, schnell Früchte tragen muss. Das war früher anders. Man lebt inzwischen permanent mit einem extrem hohen wirtschaftlichen Risiko. Investiert man in drei oder vier große Kunstmessen und verkauft dort zu wenig, kann das durchaus existenzbedrohend sein. Nicht umsonst geht in der Presse seit einiger Zeit das Schlagwort des »Galeriensterbens« um.

Seit 2015 befindet sich die Galerie in der ehemaligen Kreuzberger Kirche St. Agnes, einem von uns umgebauten Gebäude des Berliner Architekten Werner Düttmann aus den 1960er-Jahren, das als eines der interessantesten Brutalismus-Bauwerke Deutschlands gilt. Darin haben wir nach den radikalen Plänen des Architekten Arno Brandlhuber zwei Ausstellungsräume und einen Skulpturengarten geschaffen. St. Agnes zieht Tausende Besucher aus aller Welt an – von Schulklassen bis zu Kunst sammelnden Milliardären. Wir versuchen, den Besuchern die Schwellenangst vor Kunst zu nehmen, die vielen immer noch als elitär gilt. Wir organisieren Performances, Lesungen, Künstlergespräche und Konzerte. Wir haben auch sonntags geöffnet, die Zeitschrift *KÖNIG* gegründet und das Label *KÖNIG SOUVENIR* für von Künstlern gestaltete Gegenstände und Textilien.

Das alles läuft sehr gut.

———

Wir kommen am späten Nachmittag in Miami an. Meine innere Uhr sagt mir, dass eigentlich Schlafenszeit ist. Ich folge dem Menschenstrom und frage dann nach der »Special Assistance«, um die strengen Grenzkontrollen der amerikanischen Einwanderungsbehörde schneller absolvieren zu können. Dort stehe ich in einer Schlange mit Menschen im Rollstuhl, und bilde mir ein, dass man sich wundert, warum ich hier bin. Ich reise nur mit Handgepäck, da es mir viel zu umständlich ist, das Gepäckförderband ausfindig zu machen und dann auch noch meinen Koffer darauf zu finden. Vor Ungeduld habe ich auch schon mal den erstbesten schwarzen Koffer vom Band geschnappt. Natürlich war es der falsche. Nach der Grenzkontrolle suche ich mir den Weg zum Taxistand, nach draußen.

Es ist schwül und gleißend hell, und ich schließe reflexhaft die Augen, extreme Helligkeit ist für mich genauso anstrengend wie Dunkelheit. Mein Auge kann, im Gegensatz zu den Augen anderer Menschen, die Lichtverhältnisse nicht selbst regulieren. Die Pupillen gesunder Augen weiten sich im Dunkeln und ziehen sich im Hellen zusammen; da ich keine Pupille mehr habe, machen meine Augen das nicht. Normales Tageslicht empfinde ich daher grundsätzlich als unregelmäßig. Jede Wolke, jeder Sonnenstrahl sorgt dafür, dass die Lichtverhältnisse schwanken. Einige Bereiche sind hell, dann wieder dunkel, dann wieder hell. Den meisten Menschen fällt das nicht auf, weil ihre Augen diese Schwankungen automatisch ausgleichen.

Wenn das Sehen eingeschränkt ist, glaubt man zudem immer, dass die durch große Helligkeit entstehenden Schatten am Boden etwas bedeuten, dass sie auf Treppen oder andere Hindernisse hinweisen könnten. Ich habe zwar einen Sonnenbrillenaufsatz für meine Brille, der bewirkt allerdings, dass alles sofort dunkel wird und ich gar nichts mehr sehe, sobald ich mich nicht mehr in der Sonne befinde. Ein weiteres Problem besteht darin, dass ich in der Sonne die Navigationsfunktion meines Smartphones nicht mehr benutzen kann, da ich nichts mehr auf dem Display erkenne.

Schließlich steige ich ins Taxi und entscheide mich spontan, nicht ins Hotel zu fahren, sondern zu meinem Bruder Leo. Plötzlich ist mir einfach danach, mit ihm um die Häuser zu ziehen. Eigentlich hatte ich mir vorgenommen, am Abend vor der Messeeröffnung nichts zu trinken, doch dieser Vorsatz ist wie weggeblasen. Die Kunstwelt ist auf Exzess aufgebaut, das gehört zu ihrer DNA und zum Grundverständnis fast aller darin agierender Akteure. Auf jeder Messe und bei jeder Eröffnung werden teure Dinner und wilde Partys gegeben, bei denen der Alkohol in Strömen fließt. Jeder Zweite scheint Drogen in der Tasche zu haben.

Die Nacht hat eine nivellierende Kraft. Einige Augenblicke lang zumindest macht sie alle Menschen gleich. An diesem Abend sind nicht alle gleich. Die einen sind eingeladen, die anderen nicht. Es macht Spaß, eingeladen zu sein, die Party ist dennoch langweilig, man wartet die ganze Zeit, dass etwas passiert.

———

Um elf Uhr beginnt die erste Vorbesichtigung im frisch renovierten Convention Center Miami Beach. Die meisten Leute stellen sich vor, dass man auf der Messe in Miami den ganzen Tag am

Pool liegt. In Wahrheit verbringt man die meiste Zeit in der Klimaanlagenluft der Messehallen. Ich stehe mit fünf Mitarbeitern an unserem Stand, die Hängung der Bilder haben wir schon vor Monaten minutiös geplant.

Miami ist während der Messe eine andere Stadt. Über 250 Galerien aus 35 Ländern nehmen dieses Jahr teil. Ein Quadratmeter kostet über 800 Dollar Miete. Das Erfolgsrezept der Messe ist ihr Glamour – nirgends sonst kommt es zu dieser Konzentration von Schauspielern und Popstars unter den Messebesuchern. Während des Tages beschäftigt man sich mit Kunst, nachts feiert man auf den Terrassen der Luxushotels. Kunst im Wert von drei Milliarden Dollar wird hier ausgestellt. Doch der ganze Glanz scheint sich immer mehr zu überholen. Er war eigentlich noch nie so groß, wie es häufig dargestellt wurde – die Fotos von den Poolpartys etwa, die oft die Runde machen, sind meistens gestellt; wird man zum Feiern auf eine Yacht eingeladen, müssen alle brav die Schuhe ausziehen, um die teuren Holzböden nicht zu zerstören; Privatflugzeuge, fliegende ökologische Katastrophen, sind schon seit einigen Jahren aus der Mode gekommen. Einige europäische Sammler sind dieses Mal nicht angereist, vielleicht ist es ihnen einfach zu vulgär hier.

Ich stehe neben dem *Wheel of Fortune Cookie No. 1*, einem Werk unserer Künstlerin Kathryn Andrews – eine große Scheibe, auf der eine gigantische pinke Hibiskus-Blüte und ein Glückskeks zu sehen sind und die wie ein Glücksrad funktioniert. Ein Teil der Präsentation des Werkes besteht darin, das Rad zu drehen, um so zu zeigen, wie es funktioniert. Bei jedem

Drehen fällt der Blick auf Botschaften, die komisch, rätselhaft oder anzüglich sind, Botschaften wie »it's time to buy a pig«, »three can keep a secret if you get rid of two« oder »special touches have been planned with you in mind«. Aber ich kann aus der Entfernung, in der ich mich zu dem Rad befinde, nicht lesen, was da geschrieben steht. Ich drehe das Rad, sage: »Der nächste Satz ist für dich!« und rufe: »tada!«, wenn es stillsteht. Wenn ein Sammler auf die Botschaft reagiert, habe ich keine Ahnung, was er gelesen hat. Ich kann mich nicht nach vorne beugen und beim Lesen der Schrift mit meiner Nase an das Kunstwerk stoßen, das würde stören. Da ich die Arbeit aber sehr gut kenne, kann ich meist an der Reaktion erahnen, wo das Rad angehalten hat. Das führt zu lustigen Situationen. Man ist auf Messen, um Kunst zu vermitteln – und sie dann bestenfalls auch zu verkaufen.

An Tagen, an denen ich schlechter sehe, muss ich mir heute selbst bei wichtigen Geschäftsessen die Blöße geben, die Speisekarte abzufotografieren, und das Foto dann auf meinem Handy großzoomen. Anschließend berate ich die Sammler neben mir in der Speisenwahl, die zu eitel dafür sind, die Lesebrille aufzusetzen.

Nicht zuletzt muss ich gerade auf Messen in der Lage sein, Möglichkeiten spontan beim Schopf zu packen. Vergangenes Jahr etwa habe ich den finnischen Sammler Poju Zlabludowicz auf dem Flur der Messehalle getroffen und ihm von der Isa-Genzken-Ausstellung erzählt, die wir parallel zur Messe bei uns in St. Agnes auf die Beine gestellt hatten. Poju interessierte das nicht weiter. Es stellte sich jedoch heraus, dass sein Begleiter, der das Gespräch verfolgte, sich nicht nur für die deutsche Künstlerin begeistert, sondern auch ein einflussreicher Trustee des New Yorker MoMA und Besitzer einer großen amerikanischen Wohnungseinrichtungskette ist. Dieser Sammler kaufte kurzerhand eine Skulptur von Isa bei uns, für eine Viertelmillion Euro. Was für ein Glück, dass ich Poju erkannt habe. Schlecht sehen geht für mich immer auch mit der Angst einher, alles Mögliche zu verpassen. Andererseits hätte ich ihn auch verpasst, wenn ich auf dem Flur anders abgebogen wäre.

———

Ein paar Tage später bin ich wieder in Berlin. Ich gehe von unserer Wohnung nach unten in die Galerie, es sind nur ein paar Meter. Selbst die paar Meter durch die dunkle Kälte gehen zu müssen machen mich schlecht gelaunt. Berlin im Winter ist ein Albtraum. Wir bereiten die nächsten Messestände vor, die Seefrachtcontainer für die Art Basel Hongkong, die im März stattfindet, müssen gepackt werden. Die Planung für die Messen davor, darunter die neu ins Leben gerufene Frieze in Los Angeles, ist schon lange abgeschlossen. Wir müssen auch die nächsten Ausstellungen, die wir gleich nach der Weihnachtspause eröffnen werden, in trockene Tücher bringen – Helen Marten und Rinus van de Velde.

Der Winter mit seinen tiefhängenden, grauen Wolkendecken und seinen kurzen Tagen, an denen die Sonne nie wirklich aufzugehen scheint, sorgt dafür, dass ich noch schlechter sehe. Das hat sofort Auswirkungen auf meine Stimmung. Der englische Philosoph John Berger, dessen Essays häufig als »eine Schule des Sehens« bezeichnet worden sind, hat in seinem Buch *Das Sichtbare und das Verborgene* das Sehen als die grundsätzlichste Form unserer Teilhabe an der gegenständlichen und sozialen Welt beschrieben. Erst indem man sehe, schrieb er, könne man »in ein Ganzes eintreten« und seinen »Platz in der Umwelt« bestimmen.[1] Die Angst, dass ich irgendwann einmal gar nichts mehr sehen werde, habe ich, seit ich zwölf bin. Trotzdem habe ich nie richtig gelernt, ihr zu begegnen und irgendwie mit ihr umzugehen.

———

Meine Sehkraft ist großen Schwankungen unterworfen. Ich sehe mal mehr, mal weniger. Ich weiß, dass ich das nicht wirklich beeinflussen kann, dennoch versuche ich immer wieder, Erklärungen dafür zu finden. Habe ich am Abend zuvor zu viel getrunken? Habe ich genug gegessen? Liegt es am Wetter oder an der Luftfeuchtigkeit? Daran, dass ich zu wenig geschlafen habe? Wenn ich irgendwo zu Gast bin, kann es schon mal passieren, dass ich in einen Aschenbecher fasse, weil ich denke, dass es sich bei den Zigarettenstummeln um Nüsse handelt. Bei einer

1   John Berger: *Sehen. Das Bild der Welt in der Welt der Bilder*, Frankfurt am Main 2016, vgl. auch John Berger: *Das Sichtbare und das Verborgene*, Frankfurt am Main 2013.

Eröffnung in Paris habe ich einmal meine Frau Lena umarmt und bin mit ihr ein bisschen durch die Ausstellung gegangen. Ein, zwei Minuten später, immer noch Arm in Arm, schaute ich sie an und blickte ins Gesicht einer anderen Frau. Sie musste wahnsinnig lachen, Lena, die hinter mir stand, auch.

Häufig erkenne ich Menschen nur noch an ihrer Silhouette, an ihren Bewegungen, an ihrem Gang oder anderen offensichtlichen Merkmalen. Norbert Bisky hat immer karierte Hemden an und Jeppe Hein einen Schal. Jorinde Voigt hat einen Pagenschnitt, Monica Bonvicini trägt große Brillen und Corinne Wasmuht Poloshirts. Mit meiner geminderten Sehfähigkeit geht natürlich auch eine Einschränkung meiner Kommunikationsfähigkeit einher. Jedes Prozent Sehkraft zählt, um die Körperhaltungen, Gesten, Blicke und Gesichtsausdrücke anderer Menschen zu entziffern. Ich bekomme manchmal nicht mit, wenn meine Gesprächspartner zum nächsten Punkt wollen oder anfangen, unruhig zu werden, wenn sie sich untereinander Blicke zuwerfen oder mit den Augen rollen. All das sind Zeichen, mit denen Emotionen ausgedrückt werden, auf denen die zwischenmenschliche Kommunikation beruht – und an solchen Tagen bin ich dafür ein wenig zu blind. Offenheit, Ablehnung oder Zuneigung, all das ist für mich dann nicht mehr ohne Weiteres bestimmbar.

Manchmal fällt mir John Martin Hulls Buch *Im Dunkeln sehen: Erfahrungen eines Blinden* ein. 1983, mit Anfang vierzig, erblindete Hull. Zweieinhalb Jahre später begann er, Gedanken über sein neues Verhältnis zur Welt auf Tonbandkassetten aufzunehmen. Daraus entstand das Buch. Wenn man es liest, bekommt man ein Gefühl für die überraschende Fähigkeit von Menschen, sich trotz harter Schicksalsschläge ein neues Leben aufzubauen. Aber Hull beschreibt auch, wie er alle Erinnerungen daran verliert, wie Menschen oder Dinge aussehen. Wie ihm die Fähigkeiten abhandenkommen, sich Gegenstände visuell vorzustellen oder sich räumlich zu orientieren. Wie er von seiner Umwelt ignoriert und infantilisiert wird.[2] Lasse ich mir Hulls Erfahrungen durch den Kopf gehen, kann ich mir nicht vorstellen, dass es mir ebenso erging oder womöglich wieder ergehen könnte. Auch Hull konnte das nicht. Solange man nur ein wenig sehe, schreibt er, hoffe man, dass man auch in der Zukunft sehen werde. Und genau das tue ich.

2   John Martin Hull: *Im Dunkeln sehen: Erfahrungen eines Blinden*, aus dem Englischen von Silvia Morawetz und mit einem Vorwort von Oliver Sacks, München 2018.

2

Manchmal muss man Dinge vom Ende her erzählen. Manchmal geht das nicht anders, weil die Erinnerung alles davor Geschehene einfärbt, ob man will oder nicht. Meine Kindheit endete an einem Tag Anfang Februar.

Um mich herum roch es nach Krankenhaus. Ein dumpfer Schmerz in meinen Händen und in meinem Gesicht. Ein Schmerz, von dem ich später lernen sollte, dass er nur das Vorspiel zu dem war, was geschah, als die Wirkung der Schmerzmittel nachließ. Ich versuchte, meine Augen aufzuschlagen, doch das gelang mir nicht. Ich wusste nicht, wo ich war. Ich hörte die Stimme eines Mannes, der sich als Professor Ohrloff vorstellte. Kasper, mein Vater, befände sich auch im Zimmer, sagte dieser Mann. Kasper legte eine Hand auf meine Schulter und begrüßte mich. Noch bevor er mir erklären konnte, dass ich mich in der Augenklinik der Goethe-Universität in Frankfurt befand, fragte mich der Professor, ob ich meine Zehen bewegen könne.

Schlagartig fiel mir wieder ein, was passiert war. Die Explosion. Die Türklinke. Die Panik meiner Eltern. Der Krankenwagen. Die Notaufnahme. »Wenn ich blind bin, bringe ich mich um«, hatte ich mehrmals geschrien. Ich bekam Angst, wollte mir ins Gesicht fassen und konnte es nicht, ich schaffte es nicht einmal, meine Hände zu bewegen. Alles tat weh. Der Professor sagte, dass meine Augen verbunden und meine bandagierten Hände mit gespreizten Fingern an Metallgestellen befestigt worden seien, damit sie heilen können und die Finger nicht zusammenwachsen. Ich wackelte mit den Zehen. Und dann fragte ich in die Richtung, aus der die Stimme meines Vaters gekommen war: »Kasper, bin ich blind?« Nein, sagte er, man habe meine Augen gerade nur notoperiert und alles so gut es ging zusammengeflickt, man werde erst später schauen, wie es weitergehe. Dann würden wir Genaueres wissen. Nachdem der Professor gegangen war, erklärte mir Kasper, was er in dem Zimmer, in dem wir uns befanden, alles sah: das Bett, in dem ich lag, der Stuhl, auf dem er saß, der Nachttisch mit der Schnabeltasse darauf, die weißen Wände.

Menschen denken oft, dass man nur die Farbe Schwarz vor Augen hat, wenn man das Augenlicht verliert. Früher war häufig sogar von der »Nacht« zu hören, die einen in der Blindheit umfängt. Wie der französische Schriftsteller Jacques Lusseyran, der im Alter von acht Jahren erblindete, einmal schrieb, haben sogar medizinisch gebildete Leute Blindheit so definiert und von dieser »schrecklichen Nacht« gesprochen. Lusseyran hat sich daran immer gestört. Für ihn implizierte diese Beschreibung nicht nur in einem philosophischen Sinne das Vorurteil, dass man als Blinder vom Licht der Welt abgeschnitten werde. Es sei auch in einem konkreteren Sinne falsch, schrieb er, denn auch in der Welt der Blinden gebe es eine Erfahrung von Licht. Nur könne man bei dieser Erfahrung nie ganz sagen, ob sie sich aus dem Inneren speise oder von außen komme. Ich weiß nicht, ob ich mich der Emphase, mit der Lusseyran diese Erfahrung beschwört, anschließen kann. Aber was ich sagen kann: Man hat kein »Schwarz« vor Augen, wenn man erblindet. In Wahrheit sieht man ein sehr dunkles Rostbraun, eine Mischung aus Rot, Braun und Schwarz, kleine Krater, die sich zu bewegen scheinen – die pulsierende Farbe des Körpers von Innen. Es ist eben nicht so, dass man überhaupt nichts mehr sieht. Man sieht, als würde man aus dem Inneren heraus nach außen schauen wollen und dabei nur gegen eine undurchdringliche Schicht stoßen. Man sieht, als wäre der Blick im Inneren des Körpers eingeschlossen worden. Eine Geiselnahme des Sehens, an die man sich erst im Laufe der Zeit gewöhnt.

———

Ich hatte eigentlich eine sehr schöne Kindheit. Ich wurde 1981 in Köln geboren und habe dort auch meine ersten Lebensjahre verbracht. Anfangs haben wir in einer Wohnung über der Buchhandlung meines Onkels Walther, des Bruders meines Vaters, in der Ehrenstraße in Kölns Innenstadt gewohnt. Als ich zwei war, sind wir in eine geräumigere Wohnung in der Volksgartenstraße in der Südstadt gezogen – eine große, bürgerliche Altbauwohnung.

Es ist immer interessant, ab wann man beginnt, sich wirklich an Dinge zu erinnern. Gerade die Erinnerungen an die frühen Kindheitsjahre sind oft eine Mischung aus eigenen Erinnerungen und den Erzählungen anderer. Ich kann mich daran erinnern, dass ich oft keine Lust hatte, in den Kindergarten zu gehen. Ich erinnere mich an Jens, meinen besten Freund, der im selben Haus wohnte wie wir, und daran, wie sehr ich mich immer gefreut habe, wenn Lili, Coco und Leo, meine Geschwister aus der ersten Ehe meines Vaters, die eigentlich in München wohnten, an langen Wochenenden und in den Ferien zu Besuch kamen. Ich erinnere mich daran, wie ich im Sand saß und Edda mich zeichnete. Daran, wie Kasper mich immer auf seinen Schultern sitzend mit dem Fahrrad durch die Gegend fuhr, was unheimlichen Spaß gemacht hat, auch weil es so aufregend und gefährlich war. Einmal bin ich sogar an der Markise des türkischen Gemüseladens, in dem wir immer einkauften, hängen geblieben.

Ich kann mich daran erinnern, dass ich eine Höhle im Volksgarten hatte, in der ich immer gespielt habe, daran, dass Leo, der große Bruder und Anführer, beim Spielen einmal in den Kohlenschacht im Keller des Nachbarhauses gefallen ist und sich alle große Sorgen um ihn gemacht haben. An den Karneval, der erst aufregend und dann anstrengend war, trotz all der mit Bonbons werfenden Leute. Daran, dass ich mir ein rosa Fahrrad wünschte und sich Edda große Hoffnungen machte, ich würde schwul werden, was leider nicht geklappt hat. Daran, dass ich für meinen Vater immer wahnsinnig gern seine Roth-Händle-Zigaretten vom Automaten an der Ecke geholt habe, weil ich das in den Zigarettenpackungen eingeschweißte Wechselgeld behalten durfte. Man warf da drei Mark rein, und raus kam die Schachtel, und darin befanden sich dann zwei Zehnpfennigstücke – ein kleines Vermögen. Ich erinnere mich an die Besuche im Laden bei meinem Onkel Walther und meiner Tante Jutta, an den großen, braunen Jagdhund meines Großvaters Ernst in Linz. An den Mercedes mit dem Schiebedach von Onkel Franz-Wilhelm in Münster, der Brillux, das Lacke- und Farbenunternehmen des Großvaters Walter, übernommen hatte. Wir hatten nie ein Auto, und ich war von dem schicken Mercedes sehr beeindruckt. Ich kann mich an die Besuche bei meiner Großmutter in Münster erinnern, der Mutter meines Vaters, bei der ich immer das Gefühl hatte, dass sie mich besonders gut verstehen konnte, und an meine Großmutter mütterlicherseits auf Mallorca, wo wir oft unsere Sommer verbrachten, als ich klein war.

Und ich kann mich an die vielen Künstler erinnern, die mit meinen Eltern befreundet waren. Sie sorgten dafür, dass bei uns zu Hause immer großes Leben herrschte. Kasper war damals noch als freier Kurator tätig. Auf das Drängen von Edda, die sich eine bessere finanzielle Absicherung wünschte, ist er dann Professor für Kunst im Öffentlichen Raum an der Kunstakademie Düsseldorf geworden.

Köln blieb dennoch unser Lebensmittelpunkt, nicht zuletzt, weil es in jenen Jahren die unbestrittene Kunsthauptstadt Europas war. Wenn man sich in den 1980er-Jahren für zeitgenössische Kunst interessierte, zog man nicht nach London oder Paris und erst recht nicht nach Berlin, sondern ins Rheinland. Die Kölner Kunstmesse »Kunstmarkt«, heute »Art Cologne«, ist die älteste Kunstmesse der Welt. In der rheinischen Stadt wohnten, angelockt von bezahlbaren Wohn- und Arbeitsräumen, zahlreiche Künstler. Diese Entwicklung wurde weniger von den Museen der Stadt beflügelt als vielmehr von den privaten Galerien, die wie Pilze aus dem Boden schossen. Die Galerien von Monika Sprüth, Paul Maenz, Michael Werner und Max Hetzler befanden sich darunter, später kamen Daniel Buchholz, Esther Schipper, Rafael Jablonka, Jörg Johnen und Gisela Capitain hinzu. Tumultartige Galerieeröffnungen gingen hier in experimentelle Konzerte über oder klangen in langen Nächten aus, in denen Mythen geformt wurden, die bis heute anhalten. Paul Maenz ging irgendwann sogar dazu über, Türsteher für seine Eröffnungen anzuheuern. Angesagt war damals vor allem eine Riege junger deutscher Maler, die manchmal unter dem schwammigen und nicht ganz zutreffenden Begriff der »Neuen Wilden« subsumiert werden: Martin Kippenberger etwa, Albert Oehlen, Georg Herold oder Walter Dahn. Die Feindschaft zwischen den unterschiedlichen Lagern dieser Maler wurde bald legendär, nicht zuletzt, weil sie öffentlich ausgetragen wurde und zu einigen handfesten Auseinandersetzungen in den Bars und Künstlerkneipen der Stadt führte. Rosemarie Trockel wurde mit ihren großen Strickbildern berühmt, auf denen »Made in Western Germany« stand. Und auch die schon länger etablierte Generation deutscher Künstler war größtenteils nach Köln gezogen oder wohnte schon hier: Gerhard Richter, Isa Genzken, Jörg Immendorff, Sigmar Polke. Amerikanische Künstler wie George Condo, Cindy Sherman und Robert Longo waren hier fast so oft wie zu Hause in New York anzutreffen. Zeitgenössische Kunst beeinflusste das Leben der Stadt. Wenn Jeff Koons zum Beispiel eine neue Ausstellung mit seinen gigantischen, bunten Skulpturen machte, wurde auch schon mal ein ganzer Straßenzug gesperrt. Zum Ende der 1980er-Jahre hatte sich Kölns Ruf in der ganzen Welt verbreitet. Das *New York Times Magazine* schrieb sogar einmal, dass Köln dabei sei, zur Welthauptstadt für zeitgenössische Kunst zu werden. Heute unvorstellbar.

Trotz des Kölner Kunstbooms war der Kunstmarkt damals bei Weitem noch nicht so ausgeprägt wie heute und Kunst nicht einmal ansatzweise so teuer. Heute finden viele Leute zeitgenössische Kunst großartig. Sie gilt selbstverständlich als eine Art Gemeingut und mehr noch als erstrebenswerter Lifestyle. In den 1980er-Jahren war Kunst noch nicht Pop, sondern eine Art Nischenphänomen, die Beschäftigung einer gewissen intellektuellen Elite. Ich habe das immer dann gemerkt, wenn ich erzählen musste, welchen Beruf mein Vater hat. Die Berufe der Väter anderer Kinder kannten alle – der eine hat Versicherungen verkauft, der andere hat in der Ford-Fabrik gearbeitet, der nächste war Arzt, Klempner oder Feuerwehrmann, mein Vater aber war Ausstellungsmacher. Wie sollte man das erklären? Das Wort »Kurator« kannte noch niemand, und die meisten Menschen hatten schlicht keine Vorstellung davon, was eigentlich die Aufgabe von Ausstellungsmachern ist. Ich muss manchmal noch daran denken, wie meine Grundschullehrerin Edda einmal erklärte, ihr Ehemann mache dasselbe wie Kasper. Doch dann stellte sich heraus, dass besagter Gatte in einer Werbeagentur arbeitete. Auch nicht schlecht.

Wie schon erwähnt, war ich als Kind oft genervt davon, wie sehr die Gegenwartskunst das Leben unserer Familie bestimmte und wie wenig ich ihr entfliehen konnte. Aber ich lernte auch schon früh, dass ich sie verteidigen musste, schließlich bildete sie den Lebensmittelpunkt meiner Eltern. Eine meiner bleibenden Erinnerungen aus den Kölner Jahren geht auf eine Unterhaltung mit der Babysitterin zurück, die häufig auf mich aufpasste. Ich habe sie sehr gemocht, aber es war auch oft schräg mit ihr – unter anderem, weil sie Kunst und das ganze Drumherum überhaupt nicht verstehen wollte oder konnte. Kunstwerke wurden bei uns in der Regel behandelt wie andere Gegenstände auch. Nicht nur im Wohnzimmer hingen Bilder, sondern auch in der Küche und im Flur. Die *Brillo Box* von Andy Warhol diente als unser Fernsehtisch. Unsere Garderobe war eigentlich eine Claes-Oldenburg-Skulptur. Isa Genzken hatte meiner Mutter einen ihrer *Weltempfänger* geschenkt, einen Betonklotz mit zwei Antennen. Ich schaute mir immer wieder das geheimnisvolle Rastermuster eines der *Flipper*-Bilder von Blinky Palermo an. Ein Foto von Dan Graham, das den Titel *Highway Restaurant* trug, ließ mich lange nicht los, weil es das Lokalkolorit des Amerikas der 1960er-Jahre so gut einfing – eine Kleinfamilie, wie wir, Mutter, Vater, Kind, dem Betrachter den Rücken zugekehrt, saß dort im Schaufenster eines Schnellrestaurants. Wir besaßen auch ein *Abstraktes Bild* von Gerhard Richter von 1984 – es zeigte Verwischungen, verschüttete Farbe, und in der linken oberen Ecke blitzten ein paar grüne Karos durch. Als die Babysitterin das Bild erblickte, sagte sie nur: »Ach, das kann ich auch.« Und ich habe ihr dann als kleiner Knirps erklärt: »Es geht aber nicht darum, dass man es nachmachen kann, sondern darum, dass man es zuerst macht.« Aus heutiger Sicht klingt das sehr altklug. Aber Kinder saugen in der Umgebung, in der sie groß werden, alles auf. Ich erlebe etwas Ähnliches mit meiner vierjährigen Tochter Greti. Sie führt Besucher gern durch unsere Wohnung und unseren Skulpturengarten und sagt: »Hier, das ist Kunst, das darf man nicht anfassen! Das ist auch Kunst, das darf man aber anfassen. Die Künstlerin will das so.« Lustigerweise hing das Richter-Bild später dann ungefähr zehn Jahre lang falsch herum an unserer Wand.

―――――

1988 wurde Kasper zum Direktor der Frankfurter Städelschule berufen. Hilmar Hoffmann, damals Kulturdezernent von Frankfurt, wollte die Stadt am Main zu einer Kunstmetropole machen, die Köln, wenn nicht den Rang abliefe, doch zumindest ebenbürtig wäre. Hoffmann glaubte fest an die demokratisierende Kraft der Kunst in der Gesellschaft und krempelte die gesamte Frankfurter Museumslandschaft um – sein Slogan »Kultur für alle!« wurde damals gewissermaßen zu seinem

Kampfspruch. Er wollte auch den gesellschaftlichen Schichten Kunst nahebringen, die normalerweise nicht ins Museum gingen. Auf Kaspers Bestreben hin wurden Gerhard Richter und der minimalistische Bildhauer Ulrich Rückriem als Professoren an die Städelschule berufen. Ein Jahr später berief er auch den österreichischen Aktionskünstler Hermann Nitsch. Dessen tierblutlastiges Orgien-Mysterien-Theater hatte immer wieder für Skandale gesorgt, und seine Berufung wurde von der Frankfurter Lokalpresse mit wochenlangen Entrüstungsstürmen quittiert – weswegen Kasper ihn am Ministerpräsidenten vorbei zum Gastprofessor ernannte. Außerdem setzte mein Vater durch, den Portikus, damals noch eine denkmalgeschützte Ruine auf der Maininsel, in einen zeitgenössischen Ausstellungsraum umwandeln zu dürfen. Zur selben Zeit wurde der bekannte Kurator Jean-Christophe Ammann zum Direktor des Museums für Moderne Kunst ernannt. Ammann und Kasper sollte es in den darauffolgenden Jahren tatsächlich gelingen, Frankfurt zu einem bundesdeutschen Kunstzentrum zu machen, das Debatten prägte und eine Generation junger Künstler hervorbrachte, deren Einfluss bis heute anhält.

Für mich fühlte sich unser Umzug nach Frankfurt wie eine Weltreise an, und ich hatte fast den Eindruck, wir würden in ein anderes Land ziehen. Das einzige Bild, das ich von Frankfurt hatte, speiste sich aus einer Arbeit von Jörg Immendorff, die bei uns im Wohnzimmer hing und eine Studentendemonstration zeigte. Im Nachhinein wirkt das fast paradigmatisch. Je älter ich werde, desto mehr wird mir bewusst, dass ich schon als Kind die

Welt eher durch den Blick auf die Kunst wahrgenommen habe als anders herum. Wenn man mit Kunst aufwächst, strukturiert das »System« Kunst auch die Wahrnehmung – Amerika sieht aus wie ein Foto von Dan Graham, Frankfurt wie ein Immendorf-Bild.

Der Umzug an den Main stellte letztlich einen größeren Einschnitt dar, als sich meine Eltern wahrscheinlich vorgestellt hatten. Nicht zuletzt, weil Edda dort von Anfang an unglücklich war. Wir ließen unser Kölner Leben zurück und zogen in ein großes, elegantes Mietshaus in der Klettenbergstraße im Nordend Frankfurts. Ich war aus meinem sozialen Umfeld herausgerissen worden, konnte Jens nicht mehr sehen, der doch mein bester Freund war, und fühlte mich ziemlich einsam. Es war auch das Jahr, in dem ich eingeschult wurde. Edda und Kasper schickten mich auf die Kant-Schule, eine Privatschule in der unmittelbaren Nähe unseres neuen Zuhauses. Man konnte sie zu Fuß in fünf Minuten erreichen. Dafür musste ich nur durch den Holzhausenpark gehen, in dem es ein Wasserschloss und einen Spielplatz gab. Sie hatten sich gedacht, dass ich durch die nachbarschaftliche Nähe schneller Anschluss zu anderen Kindern finden würde. Doch das Problem war, dass nur Kinder aus reichen Bankiersfamilien auf diese Schule gingen, die im Taunus wohnten und morgens vom Fahrer in die Schule gebracht wurden. Es gab dort keine Kinder in der Nachbarschaft, mit denen ich mich hätte anfreunden können. Ich fand erst wieder Anschluss, als ich im linksalternativen Kinderhort »Rote Eule«, bei dem mich Edda angemeldet hatte und in den ich nach der Schule ging, Anton, den Sohn des Verlegers Karl Dietrich Wolff, kennenlernte. Er wurde mein neuer bester Freund. Und das Verlagshaus seines Vaters, das den linksalternativen Verlag Stroemfeld/Roter Stern beherbergte, war ein bisschen wie die Villa Kunterbunt. Im Treppenhaus der Wolffs hing ein Bild von Mao Zedong, das mir besonders gefiel, da ich den darauf abgebildeten Mann von den Warhol-Bildern kannte, die mir mein Vater gezeigt hatte. Nach dem ersten Jahr auf der Privatschule kam ich auf die Glauburg-Schule, in dieselbe Klasse wie Anton.

Irgendwann zog der Alltag in unser Frankfurter Leben ein. Mein Vater brachte mich jeden Morgen zur Eckenheimer Landstraße und kaufte mir eine Brezel. Ich bin dann hundert Meter weiter in die Schule gegangen, und er ist in die Bahn gestiegen, um zur Arbeit zu fahren. Später, als ich auf das Bettina-Gymnasium kam, sind wir morgens zusammen zur U-Bahn-Station Holzhausenstraße gegangen. Ich bin bei der Hauptwache ausgestiegen, und er ist nach Sachsenhausen weitergefahren. Unsere morgendliche Routine gehört zu meinen schönsten Kindheitserinnerungen.

Meine Eltern waren Ende dreißig, als sie mich bekamen, was Anfang der 1980er-Jahre noch sehr viel ungewöhnlicher war als heute. Ich habe sie nie Mama und Papa genannt – sondern immer nur Edda und Kasper. Natürlich denken sich so etwas Kinder nicht aus. Unsere Kinder kämen von allein nie auf die Idee, uns mit unseren Vornamen anzusprechen. Edda und Kasper waren einfach unkonventionelle Eltern. Das äußerte sich unter anderem darin, dass sie erst heirateten, als ich acht Jahre alt war.

Dass sie sich um gesellschaftliche Konventionen wenig sorgten, war ihre größte Stärke, eine Stärke, die mich bis heute prägt. Zugleich konnte es manchmal auch eine Schwäche sein.

Edda, eine sehr elegante Frau, war vor der Beziehung zu meinem Vater mit dem Regisseur Wim Wenders verheiratet gewesen. Sie hatte in seinen ersten Filmen mitgespielt und mit ihm zusammen in einer linken Kommune in der Metzstraße in München gelebt, zu der auch Leute wie Brigitte Mohnhaupt und Irmgard Möller gehörten, später Terroristinnen der Roten Armee Fraktion. Mit ihren Illustrationen finanzierte Edda einen Großteil des Kommunenlebens, wie Wim mir später erzählte. Die Illustrationen, mit denen sie so erfolgreich war, befassten sich häufig mit Themen, die als schwierig galten, wie Drogenkonsum oder freie Sexualität. Als ich auf die Welt kam, entschloss sich Edda allerdings, fortan nur noch Illustrationen für Kinderbücher zu machen – eine Entscheidung, die einem vorzeitigen Karriereende gleichkam und die ich bis heute nicht wirklich verstehe. Es war immer ihr Traum gewesen, Mutter zu werden, ein Herzenswunsch, wie sie oft betonte. Aber das Mutter-Sein war anstrengend für sie. Damit ging sie offen um. In einem Briefwechsel mit Hans Magnus Enzensberger etwa, den sie noch aus München kannte, lässt sich nachlesen, wie schwer Edda das Leben mit mir fiel. Ich war ein Problemkind, habe spät gesprochen und viel Blödsinn gemacht. Ich habe viele schöne Erinnerungen an sie und habe sie so geliebt, wie ein Kind seine Mutter liebt. Aber so sehr sie sich auch bemüht hat, eine gute Mutter zu sein, unser Verhältnis war immer ein wenig distanziert.

In Frankfurt habe ich sehr viel Zeit mit Edda verbracht. Kasper reiste und musste lange arbeiten. Er war so oft weg, dass ich immer wieder seinen Kalender versteckte, in der Hoffnung, ihn dadurch zu Hause zu behalten. Größtenteils war das Fernbleiben sicherlich seinem Beruf zuzuschreiben, aber häufig schien er auch die Gelegenheit zu nutzen, den häuslichen Konflikten in der Klettenbergstraße zu entfliehen. Ich kann mich noch gut daran erinnern, wie oft ich am Fenster stand und darauf gewartet habe, dass endlich sein Taxi kam. Ich habe die Taxis gezählt, und immer, wenn eines die Straße hinunterfuhr, habe ich mich gefragt, ob es jetzt anhält oder nicht.

Edda war mehr oder weniger allein für meine Erziehung verantwortlich. Ihr Erziehungsstil war nicht besonders konsequent. Mal war sie streng, mal völlig laissez-faire. Mal ermahnte sie mich, beim Essen nicht die Ellbogen auf den Tisch zu stützen, mal durfte ich auf dem Tisch tanzen. Es war immer schwer einzuschätzen, woran man bei ihr war. Oft war sie auch einfach überfordert, vor allem wenn Lili, Coco und Leo zu Besuch waren und sie sich allein um uns vier Kinder kümmern musste. Es kann auch sein, dass ihr unbeständiges Verhalten damit zu tun hatte, dass sie viel trank. Aber das frage ich mich heute erst, als Kind bekam ich davon nicht so viel mit.

Ich fand Eddas Illustrationen immer sehr beeindruckend – wir haben heute noch einige in unserer Wohnung hängen – und habe mich schon als Kind gewundert, warum sie nicht so stolz auf ihre Arbeit war wie die Künstler, die bei uns zu Besuch kamen. Dabei mochten alle ihre Arbeit, auch Kasper und Gerhard Richter ermutigten sie. Ich glaube, dass es zum einen ihre Selbstzweifel waren, die sie daran hinderten. Zum anderen lag es an der Rolle, in die sie sich begab. Ganz selbstverständlich hat sie sich nicht nur meiner Erziehung angenommen, sondern war auch dafür verantwortlich, dass das gesellschaftliche Leben unserer Familie in geordneten Bahnen verlief. Sie hat Einladungen ausgesprochen, Abendessen gekocht und Feste gegeben. Wir haben wochenlange Urlaube in der Normandie, der Toskana oder in Irland gemacht, in denen sich meine Mutter um alles gekümmert hat. Sie hat eingekauft, geputzt, gekocht. Kasper hingegen saß am liebsten nur am Pool und hat ein Buch nach dem anderen gelesen.

Kasper war ein großartiger Vater für kleine Kinder – es war unheimlich lustig mit ihm. Unsere Beziehung kommt mir im Nachhinein ein bisschen wie die Beziehung zwischen Vater und Sohn in den Bildergeschichten von e. o. plauen vor – ein aufgewecktes Kind und sein zu allen Streichen und Abenteuern aufgelegter Vater, der sich viel von seiner eigenen Kindlichkeit bewahrt hat.

Aber es war auch nicht immer einfach mit ihm. Oft fehlte ihm die Geduld. Manchmal konnte er sich auch völlig danebenbenehmen. Einmal waren wir etwa zusammen mit Ulrich Rückriem am Heiligabend in der Kirche, und die beiden haben sich so aufgeführt, dass man sie rausgeworfen hat. Seine selbstverständliche Ablehnung von Konventionen betraf aber nicht nur traditionelle Institutionen wie die Kirche, sondern auch die Gepflogenheiten in dem politischen Umfeld, in dem sich meine Eltern bewegten. In der linksalternativen »Roten Eule« mussten alle Eltern etwa einmal im Monat kochen. Als Kasper an der Reihe war, ging er in den amerikanischen Burgerladen, der sich gleich neben dem Hort befand, und kaufte Cheeseburger und Pommes für alle. Die Kinder haben es geliebt, für sie war mein Vater ein Held und ich der Größte. Die anderen Eltern fanden das natürlich unverschämt.

Ich habe Kasper immer sehr bewundert. Dass sowohl Leo als auch ich Galeristen geworden sind, lässt sich sicherlich auch damit erklären, dass wir ihn unbewusst beeindrucken wollten. Man braucht keine große psychoanalytische Kenntnis, um das zu sehen. Auf Kinder wirkt genau das Unkonventionelle oft erratisch. Wenn man als Kind schlecht einschätzen kann, wann die Zeit für Albernheiten mit dem Vater vorbei ist, wann er nach Hause kommt oder der richtige Moment gekommen ist, um mit ihm über etwas zu sprechen, macht das etwas mit einem. Man versucht, ihm nachzueifern, Dinge zu tun, von denen man glaubt, dass er sie gut findet, und man macht viel Quatsch. Mein Bruder, meine beiden Schwestern und ich haben so gut wie alles versucht, um seine Aufmerksamkeit zu erlangen. Ein bisschen ist das wahrscheinlich heute noch so.

Der englische Psychoanalytiker Adam Phillips hat in seinem Buch *Side Effects* einmal vom »gewöhnlichen Trauma des Kindseins«[3] gesprochen. Niemand von uns könne wirklich verarbeiten, dass wir als Kinder hilflos und völlig von der Unter-

---

3 Adam Phillips: *Side Effects*, London 2006, S. 19.

stützung unserer Eltern abhängig seien, schrieb er. Wir müssten uns ein Leben lang davon erholen, einmal Kind gewesen zu sein. Ich glaube, dass das stimmt – fast alle Menschen tragen unbeantwortete Fragen und Beschädigungen aus ihrer Kindheit mit ins Erwachsenenleben. Auch meinen Kindern wird es sicherlich so gehen, egal, wie viel Mühe wir uns mit ihnen geben. Als Kind war ich mir immer bewusst, dass sich das Familienleben meiner Mitschüler völlig anders als das unsere gestaltete – und ich habe darunter gelitten. Häufig sehnte ich mich nach dem vermeintlich normalen Leben meiner Mitschüler, nach einem Leben, in dem der Vater abends um fünf nach Hause kommt, einem Leben, in dem alle gemeinsam vor dem Fernseher sitzen, anstatt die ganze Zeit Ausstellungen zu besuchen. Alle Kinder wollen letztlich etwas Erwartbares. Aber trotz alldem stand für mich eines niemals infrage: Ich hatte wirklich tolle Eltern.

———

Ich brauchte viele Jahre, um mich wieder genau an die Ereignisse erinnern zu können, die dafür sorgten, dass ich mich in jenem Krankenhausbett wiederfand. Lange hatte ich sogar vergessen, wann genau der Unfall passiert war, der mein Leben so aus der Bahn geworfen und meine Kindheit de facto beendet hatte. Mein Therapeut hat mir einmal erklärt, dass das völlig normal sei. Unser Gedächtnis beschützt uns. Wir erinnern uns nur an das, was wir psychisch verarbeiten können.

Ich habe in meinem Kinderzimmer in der Klettenbergstraße

in Frankfurt gespielt. Es war das typische Kinderzimmer eines Jungen, der noch Kind ist, aber gerade den Sprung ins Teenagerdasein macht. Auf meinem Bett lagen noch Kuscheltiere, aber im Regal standen viele Jugendbücher und eine Kompaktanlage, auf der ich Musik und Hörspiele hörte. An den Wänden hingen viele Plakate – von den Ausstellungen meines Vaters im Portikus, aber auch eines von den Grünen, auf dem ein grüner Wal und der Schriftzug »Wa(h)lplakat« zu sehen waren. Eine Zeit des Übergangs, des Aufbruchs. Ich hatte begonnen, morgens allein mit dem Fahrrad zur Schule und nachmittags zur Nachhilfe zu fahren. Ich hatte schon zum ersten Mal ein Mädchen geküsst und mit ihr Händchen gehalten, hatte meine ersten Zigaretten geraucht.

Es war eigentlich ein schöner Abend. Wir hatten zusammen gegessen, Kasper und Edda waren gut gelaunt gewesen und hatten sich nicht gestritten. Nach dem Abendessen war ich auf mein Zimmer gegangen. Denn am selben Tag hatte ich mir amerikanische Baseballkarten gekauft, die ich sammelte. Ich wollte sie sortieren und in eine hölzerne Kiste tun, die ich dafür vorgesehen hatte. Aus irgendeinem Grund sortierte ich in jenen Jahren fast zwanghaft Dinge um.

Einige Tage zuvor war meine Startschusspistole explodiert. Eine der Patronen war so stark gewesen, dass beim Abdrücken der Plastiklauf abgeplatzt war. Wir Jungs auf dem Bettina-Gymnasium haben alle mit diesen Startschusspistolen gespielt, die eigentlich für Wettkämpfe gedacht waren. Es waren relativ billig hergestellte Plastikrevolver, die wie Piratenpistolen aussahen und auch so funktionierten. Wenn man den Abzug betätigte, bohrte sich ein Dorn in die im Lauf befindlichen Patronen und brachte sie so zum Explodieren. Das Ergebnis war ein gigantischer Knall, so laut wie ein echter Pistolenschuss.

Das Material der Patronen, ein Schwarzpulvergemisch, bestand aus Restabfällen aus der Waffenfabrikation. Dadurch war die Munition auch immer unterschiedlich stark. Eigentlich konnte man Startschusspistolen erst ab 18 Jahren kaufen. Aber wir fanden immer einen Weg, die Altersbegrenzung zu umgehen. An meine war ich durch meinen Freund Tobias herangekommen, der ein bisschen älter war als ich, noch älter aussah und sie einfach bei Dersch gekauft hatte, dem Spielzeugladen in unserer Nachbarschaft. Meine Eltern hatten nur am Rande mitbekommen, dass ich mit Startschusspistolen spielte. Sie hatten nie realisiert, welche Gefahr von ihnen ausgehen konnte. Vor allem, wenn man sie falsch anwendete, wie ich es tun sollte.

Nun hatte ich also noch diese Patronen für die kaputte Pistole, mit denen man eigentlich nichts anfangen konnte – es sei denn, man brach die Styroporhüllen, die die Patronen umgaben, selbst auf und warf die darin befindlichen, pfefferkorngroßen Schwarzpulverkügelchen auf den Boden. Das gab dann auch einen richtig lauten Knall. Die restlichen Patronen rollten just in der Holzkiste herum, die ich für meine Baseballkarten brauchte. Also entschloss ich mich, sie aus der Kiste zu nehmen, sie aufzubrechen und die Schwarzpulverkügelchen in eine Dose für Anglerblei zu tun. Dabei handelte es sich um einen kleinen orangefarbenen Plastikbehälter mit sechs Kammern, in denen unterschiedliche Bleigewichte zum Beschweren der Angelschnur lagen – die Bleikügelchen kamen geradezu einer visuellen Einladung gleich, schließlich sahen sie den Schwarzpulverkügelchen sehr ähnlich. Ich nahm ein paar von ihnen aus der Dose, aber nicht alle, und legte stattdessen die Sprengstoffkügelchen in die frei gewordene Kammer. Im Hinterkopf der Gedanke, dass ich so nicht nur Ordnung schaffen, sondern auch eine extra große Knallbombe bauen könnte, die richtig schön donnert, wenn man sie auf den Boden wirft. Ich wusste, dass ich etwas Verbotenes tat. Wie so oft hatte ich mich in meinem Zimmer eingeschlossen, indem ich die Türklinke von außen abmontiert hatte, sodass man die Tür nur von innen öffnen konnte.

Als die ersten Schwarzpulverkügelchen in der Dose lagen, versuchte ich, ein weiteres Kämmerchen damit zu füllen. Dafür musste man den Deckel drehen. Plötzlich, im Bruchteil einer Sekunde, schneller, als ich denken konnte, explodierte die Dose in meinen Händen. Ich hatte noch nie ein so lautes Geräusch gehört. Der Knall schien eine kleine Ewigkeit lang nachzuhallen, so lange, dass ich das Gefühl hatte, von der Erde geschossen worden zu sein. Ich hatte den Eindruck, eine riesige Stichflamme vor mir aufflackern zu sehen, und plötzlich umgaben mich alle Farben des Lichts. Rot. Gelb. Grün. Blau. Violett. Ein Riesen-Regenbogen, Licht- und Himmelsphänomene, Phosphor-Feuerwerk. Ich hatte das Gefühl, dass so etwas wie eine Aura um mich herum zerrissen wurde. Es war etwas Furchtbares passiert, das verstand ich sofort, doch zunächst verspürte ich keine Schmerzen. Beide Hände fühlten sich an, als wären sie zerstört

worden. Auch mein Gesicht und mein Oberkörper waren zer-
schossen worden, die rechte Seite meines Gesichts noch stärker
als die linke. Das ganze Kinderzimmer muss voller Blut gewesen sein. Als das Farbenspektakel verblasste, sah ich nichts mehr.
Nichts als dieses dunkle Rostbraun, jene pulsierende Mischung
aus Rot, Braun und Schwarz.

3

Wenn ich mich an meinen Unfall erinnere, sehe ich mich selbst immer noch nur von oben – wie damals, kurz nach der Explosion. Es ist ein Bild, das sich tief in mein Gedächtnis eingebrannt hat, obwohl es kein reales Bild ist, nie ein Teil meines wirklichen Erlebens war. Es ist ein Bild, das vieles von dem eigentlichen Geschehen erfolgreich verdrängt. Bis heute besteht meine Erinnerung an den Unfall nur aus den beschriebenen bruchstückhaften Szenen, die ich mithilfe logischer Schlussfolgerung in die Geschichte des Geschehens einordnen kann. Bis heute stoße ich auf unüberbrückbare Erinnerungslücken. Ich weiß nicht genau, wie es mir gelungen ist, mit meinen schwer verletzten Händen die Tür zu öffnen, um meine Eltern ins Zimmer zu lassen. Bis heute kann ich mich nicht daran erinnern, wie ich ins Krankenhaus gekommen bin, wie sich das Warten bis zur Notoperation angefühlt hat, wie ich in den Schlaf der Narkose abdriftete, unter die man mich setzte, wie es sich angefühlt hat, als Kasper und Professor Ohrloff mir erklärten, wie die Operation verlaufen sei.

Vieles von dem, an das ich mich erinnere, ist von den Erzählungen meiner Eltern bestimmt oder von Rückschlüssen, die ich als Jugendlicher in therapeutischen Sitzungen gezogen habe. Das alles ist eine sehr typische Reaktion auf ein Trauma, mit der das Unbewusste Distanz zu einem Geschehen schafft, das die Psyche nicht verarbeiten kann. Denn egal, wie reflektiert und offen ich mit jenen Geschehnissen in meinem Kinderzimmer umgehe, es war genau das: ein Trauma. Nicht nur in der Sprache der Mediziner, die in meinen Befunden ein »Explosionstrauma« beschrieben, das auf beiden Augen eine Keratoplastik nötig machte. Sondern eben auch und vor allem in psychologischer Hinsicht. Das bestimmende Trauma meines Lebens und eines der bestimmenden Traumata im Leben meiner Eltern. Für Edda sollte der Unfall für immer das dominierende Ereignis ihrer persönlichen Zeitrechnung bleiben. »Der Unfall« hat sie so mitgenommen, dass er in ihre Alltagsrhetorik überging. »Ach, das war vor dem Unfall«, sagte sie oft, »und das danach.« Sie hat sich mehr Vorwürfe als Kasper gemacht, der in der Lage war, etwas pragmatischer mit der Situation umzugehen.

Das Auge ist ein sehr komplexes Organ. Es besteht aus Linse, Pupille, Regenbogenhaut, Netzhaut, Hornhaut und dem Sehnerv, der es mit dem Gehirn verbindet. Die Explosion hat meine Augen fast komplett zerstört. In beiden hatte ich von nun an keine Pupille, keine Linse und keine Regenbogenhaut mehr. Die Netzhäute waren ebenfalls stark angeschlagen, doch zumindest an den zentralen Stellen noch intakt. Auch der Sehnerv war verschont geblieben. Während der Explosion muss ich für den

Bruchteil einer Sekunde meinen Kopf nach links gedreht haben, um mich davon abzuwenden. Die rechte Seite meines Gesichts und das rechte Auge waren so stärker in Mitleidenschaft gezogen worden als die linke Gesichtsseite und das linke Auge. In der Notoperation direkt nach dem Unfall war es dem Ärzteteam gelungen, beide Augen zu stabilisieren, indem man sie mit zwei gerade zur Verfügung stehenden Hornhauttransplantaten versah. Es bestand die Möglichkeit, dass ich nicht komplett erblindet war. Professor Ohrloff sprach von einem Wunder.

Ich selbst habe eigentlich erst an den Reaktionen meiner Familie verstanden, wie schwer meine Verletzungen waren. Alle kamen mich besuchen, meine Geschwister, meine Großeltern, meine Onkel und Tanten. Als Walther in die Klinik kam, schien ihn das außergewöhnlich stark mitzunehmen. Wir hatten schon immer ein besonderes Verhältnis zueinander. Wenn ich ihm bei der Inventur im Buchladen half, bezahlte er mich dafür mit *Tim und Struppi*-Heften. Auf mich wirkte er wie ein Buchhändler oder ein Bibliothekar aus einem Kinderbuch. Im Krankenhauszimmer hielt er es kaum aus. Obwohl er eigentlich nie um ein Wort verlegen ist, war er völlig sprachlos. In der König-Familie herrschen ein ziemlicher Optimismus, eine positive Grundeinstellung und eine gewisse Jovialität – das ist eine Art Charakteristikum der Familienpsychologie. Doch der schwere Unfall eines Kindes war damit nicht kompatibel. Darüber konnte man nicht wohlwollend reden, das war schwer zu verarbeiten. Ich, ganz ein König, versuchte deswegen in die Bresche zu springen und der Situation mit aller Jovialität zu begegnen, die ich aufbringen konnte. Ich war begeistert davon, dass die Frankfurter Augenärzte extra meinetwegen eine Klinik in Israel konsultierten, um herauszufinden, wie sie mit den Plastiksplittern in meinen Augen und in meinem Gesicht umgehen sollten. Wegen der vielen Sprengstoffattentate hatte man dort einfach mehr Erfahrung mit so etwas. Als ich mitbekam, dass der behandelnde Arzt Ohrloff hieß, sagte ich naseweis, dass er eigentlich Ohren- und nicht Augenarzt hätte werden müssen. Wenn mir Professor Ohrloff die Hand auf die Schulter legte, konnte ich spüren, dass er ein sehr großer Mann mit gigantischen Händen sein musste. Ich fand die Vorstellung verrückt, wie man mit solch riesigen Händen solch winzige Augen operieren kann – und teilte das auch jedem mit, der es hören wollte.

Die Genesung vom Unfall sollte sich über zwei Jahre lang hinziehen. Insgesamt musste ich mehr als dreißig Operationen in Kliniken in Frankfurt und Marburg über mich ergehen lassen. Darunter waren Hauttransplantationen für meine Hände und chirurgische Eingriffe, um die Fehler, zu denen es bei den ersten Handoperationen gekommen war, zu korrigieren. Dazu gehörten auch Laseroperationen an der Netzhaut, Operationen, die der Stabilisierung des Augeninnendrucks dienten, und weitere Hornhauttransplantationen. Es wurde Öl in die Augen gespritzt, damit sie nicht zusammenfielen. Dann wurde eine Cerclage gelegt, bei der ein schmales Silikonband um den Augapfel gebunden wird, um durch den dadurch entstehenden Druck die Netzhaut an der Ablösung zu hindern. Irgendwann stellte ich mir meine Augen wie die von Snoopy vor, meinem Lieblingskuscheltier, das ich als kleines Kind immer bei mir trug. Während eines Urlaubs in der Toskana hatte ich Snoopy einmal auf einem Marktplatz vergessen. Als wir das nach einer Weile feststellten, war Edda zurückgelaufen und hatte ihn tatsächlich wiedergefunden. Doch in der Zwischenzeit hatten Kinder Fußball mit ihm gespielt und ihn dabei so gut wie zerstört. Er war an allen möglichen Stellen abgewetzt und aufgerissen, ihm fehlte ein Ohr. Edda hat ihn aufwendig repariert und zusammengenäht, aber er sah von nun an aus wie ein Explosionsopfer – wie ich und meine Augen jetzt.

Für jeden Menschen ist es ein Albtraum, gefesselt und blind in einem Bett zu liegen und nichts dagegen unternehmen zu können. Für einen Zwölfjährigen fühlt sich diese Situation noch schlimmer als ein Albtraum an. Man ist noch zappelig, der Körper befindet sich in den Anfängen eines hormonellen Aufruhrs. Wenn ich mich an die Zeit in den Krankenhäusern erinnere, verschwimmt vor meinem inneren Auge alles. Ich kann die Monate nicht mehr auseinanderhalten, die Jahreszeiten und auch die verschiedenen Orte nicht mehr unterscheiden. Alles ist eins. Vielleicht ist das normal. Im Nachhinein schnürt die Psyche das ganze Erleben zusammen und packt es in eine Kiste, damit sie es besser wegstellen oder beiseiteschieben kann.

Das Leben als Dauerkranker ist ein Leben im Transit. Man wartet auf die nächste Operation, auf die nächste Voruntersuchung, auf die nächsten Tests und auf die nächste Sitzung mit dem Gesprächstherapeuten. Man wartet darauf, dass das nächste Hornhauttransplantat bereitgestellt wird, auch wenn das bedeutet, dass jemand stirbt. Dann wartet man darauf, dass sich herausstellt, ob die Hornhaut intakt bleibt oder vom Körper abgestoßen wird. Dann darauf, ob man damit besser sehen kann, dann darauf, ob sich der Augendruck beruhigt oder sich negativ auf das Transplantat auswirkt. Irgendwann hat man den Eindruck, dass man nichts anderes tut, als zu warten. Warten bedeutet vor allem eines: Man ist hilflos und kann den Verlauf der weiteren Ereignisse nicht kontrollieren. Der französische Philosoph Roland Barthes hat einmal geschrieben, dass die Umgebung des Wartenden immer in Unwirklichkeit getaucht sei.[4] Diese Unwirklichkeit rühre von seiner Abhängigkeit her. Wenn man wartet, ist man machtlos. Mein Leben war für nicht absehbare Zeit in ein großes Wartezimmer gezogen.

Daran kann man sich nicht wirklich gewöhnen. Man kann gegen diese Art von Gefangenschaft nichts unternehmen. Ich hatte gute Tage, an denen ich mich über Besuche meiner großen Schwester Lili oder meiner Eltern freute, die mir Gesellschaft leisteten. Ich hatte schlechte Tage, an denen ich Wutanfälle bekam, mich ins Bad einschloss und drohte, nicht wieder herauszukommen. Meistens bin ich in eine Art Trance verfallen und gewissermaßen stoisch geworden. Ich habe versucht, einfach alles über mich ergehen zu lassen und nachzudenken. Ich habe in jener Zeit unheimlich viel nachgedacht.

---

4   Roland Barthes: *Fragmente einer Sprache der Liebe*. Erweiterte Ausgabe, Berlin 2015, S. 100–103.

Erst nach einem Jahr ging es mir wieder gut genug, um dauerhaft nach Hause in die Frankfurter Wohnung zu kommen, wo ich ein weiteres Jahr verbrachte. Ich war zwar nicht komplett erblindet, aber ich sah selbst mit der Brille mit den irrsinnig dicken Gläsern kaum noch etwas. Ich konnte lediglich starke Farben erkennen, Licht, Dunkel und die trüben, verschwommenen Formen großer Gegenstände. Ich sah so wenig, dass ich lernen musste, mit einem Blindenstock zu laufen. Das Mobilitätstraining, das meine Genesung begleitete und täglich mehrere Stunden in Anspruch nahm, fiel mir wahnsinnig schwer und führte zu vielen jähzornigen Ausbrüchen. Der Kontrollverlust über meinen Orientierungssinn hat mich am Boden zerstört. Ich bin permanent gegen Gegenstände und Hindernisse gelaufen. Ich musste unsere Wohnung neu kennenlernen, unser Haus und die direkte Umgebung unseres Hauses. Ich musste lernen, wie man eine Straße überquert, wie man Entfernungen abschätzt, wie man am Geräusch erkennt, auf welchen Untergrund man tritt, wie man durch das Tasten mit dem Stock die Höhe von Treppenstufen und Bürgersteigen abschätzt. Wenn man lernen möchte, wie man einen Blindenstock benutzt, muss man sehr geduldig sein, und genau das war ich in jenem Alter nicht. Hinzu kam, dass die Orientierung mit dem Blindenstock vor allem über Vibrationen funktioniert, die sich durch den Stock vom Boden auf die Hand übertragen. Meine Hände allerdings waren noch immer nicht vollständig verheilt. Ich hasste das Mobilitätstraining. Noch mehr hasste ich, dass ich überhaupt darauf angewiesen war.

In jener Zeit kam es auch zum kompletten Kollaps meines

rechten Auges. Die Explosion hatte zwar die dortige Netzhaut teilweise zerstört, trotzdem war es das Auge, auf dem ich besser sah. Durch die Netzhautschädigung war mein Sehfeld stark eingeschränkt, und ein Teil meines Gesichtsfelds war einfach schwarz, aber nach zwei Hornhauttransplantationen konnte ich damit mehr erkennen als mit dem linken Auge. Doch plötzlich, zwei Jahre nach meinem Unfall, funktionierte es gar nicht mehr. Es war zu stark beschädigt gewesen, und auch die vielen Operationen hatten es nicht dauerhaft stabilisieren können. Es begann zu schrumpfen. Von nun an war ich auf mein noch viel schwächeres linkes Auge angewiesen. Auch wenn ich jemals wieder besser sehen könnte, es würde nie mehr ein räumliches Sehen sein, meine Welt würde flach bleiben, flach wie ein Foto, flach wie ein Bild an der Wand.

Erst in diesem Jahr begriff ich langsam, was mit mir passiert war. Vor dem Unfall hatte ich angefangen zu entdecken, was das Leben so bietet. Das war nun vorbei. Ich war vollständig aus meinem alten Leben herausgerissen. Alles, was mir vorher wichtig gewesen war, war nun weg. Sandra, meine Freundin, mit der ich zum ersten Mal geknutscht hatte, war inzwischen mit Frank, meinem besten Freund, zusammengekommen, was mir schrecklich zusetzte. Es war klar, dass ich nicht mehr in meine alte Schule gehen konnte. Ich war aus meiner Clique raus, aus meinem Schulchor und aus meinem jugendlichen Alltag. Kein Schlittschuhlaufen mehr. Kein Fahrradfahren. Hinzu kam, dass ich wegen der Transplantate so viel Cortison nehmen musste, dass ich wie ein Luftballon aufging. Ich war 14 und wog über hundert Kilo. Ich lag in meinem alten Kinderzimmer im Bett und dachte an mein Fahrrad, das draußen vor dem Haus angeschlossen war. Ich hatte ein schwarzes Mountainbike, auf das ich sehr stolz war. Ich wusste, dass ich es wahrscheinlich nie wieder benutzen würde, und es machte mich traurig, dass es dort allein vor sich hin rostete. Ich klammerte mich an meinen kleinen Sony-Kassettenrekorder, mit dem ich die ganze Zeit Hörbücher hörte. Er hatte eine Kontaktleuchte, die an war, wenn er lief. Ich lag im Bett, hörte zu und hielt mir den Kassettenrekorder dicht vor das Auge. Dann konnte ich eine rote Farbfläche erkennen, verschwommen wie die Rücklichter eines Autos im Regen. Später, als ich komplett erblindete Kinder kennenlernte, sollte ich verstehen, warum ich das immer wieder tat. Wenn sie irgendwo saßen und etwa auf den Bus warteten, hatten viele die Angewohnheit, ihren Blindenstock vor sich hinzustellen und eine Augenhöhle darauf abzulegen. Manchmal steckten sie sich auch einfach beide Finger in die Augenhöhlen. Wenn man den Sehnerv physisch stimuliert, sendet er Signale aus, die im Gehirn wie kleine Blitze wirken. Meine rote Leuchte war wie diese Blitze. Irgendeine visuelle Wahrnehmung zu haben war besser, als im Dunkeln zu leben.

Doch auch wenn es sich oft so anfühlte, ich war in jener Zeit nicht allein. Ich weiß nicht, wie Jugendliche solch eine Situation überstehen, die keine so große Unterstützung durch ihre Eltern, ihre Familie und den Freundeskreis ihrer Eltern erfahren. Edda wich in der Zeit meiner Genesung nicht von meiner Seite. Sie musste mehr auffangen als Kasper, schlicht weil sie den ganzen

Tag mit mir zu Hause war. Sie kümmerte sich auch um den erheblichen administrativen Aufwand, der mit den Folgen des Unfalls verbunden war. Und sie meldete mich erst bei der Blindenhörbücherei in Frankfurt und dann der in Marburg an, die eine größere Auswahl hatte. Zusammen gingen wir durch die Kataloge und überlegten, was mir gefallen könnte. Durch ihre Hilfe begann ich Hörbücher zu lieben und sie regelrecht zu verschlingen. Ich hörte mir so gut wie alle Bücher von Karl May, Patricia Highsmith und Stephen King an, aber auch ernsthaftere Literatur von Stefan Zweig, Thomas Mann, Franz Kafka, Alfred Döblin oder Erich Maria Remarque. Irgendwann bestellte ich mir auch Biografien und historische Bücher über die Zeit der Weimarer Republik und des Nationalsozialismus.

Jeff Wall, der kanadische Fotograf, der dafür bekannt ist, dass er seine großformatigen Fotos auf Leuchtkästen aufzieht, war eng mit meinen Eltern befreundet und von meinem Unfall stark berührt. Er hat mir viele amerikanische Hörbücher geschickt. Aufwendig produzierte Hörbücher, die von professionellen Sprechern oder Schauspielern eingelesen worden waren, gab es damals in Deutschland so gut wie nicht. In den USA und in Kanada war man da viel weiter. Ich konnte ganz gut Englisch, weil bei uns zu Hause viel Englisch gesprochen wurde und wir oft in Amerika waren. So habe ich auch Hörbücher von George Orwell, Aldous Huxley oder *The Hitchhiker's Guide to the Galaxy* von Douglas Adams hören können. Damals wurde noch alles auf Kassette aufgenommen, CDs setzten sich, was die Hörbücher betraf, erst langsam durch. Die Sendungen der Blindenhörbücherei kamen bei uns zu Hause immer als große Kisten an. Die *Zauberberg*-Lieferung etwa bestand dann aus fünf Kisten mit je acht Kassetten. Wenn wir in den Urlaub fuhren, hatte ich immer einen ganzen Koffer dabei, der nur für meine Hörbuch-Kassetten reserviert war.

———

Von allen Künstlern, die mit meinen Eltern befreundet waren, hatte ich On Kawara schon immer am meisten gemocht. Zusammen mit seiner Frau Hiroko und den beiden Kindern Akito und Saye war er oft bei uns zu Besuch. Genauso häufig besuchten wir sie in New York, in ihrem Loft auf der Greene Street in SoHo, oder fuhren gemeinsam mit ihnen in den Urlaub. Ich hatte immer den Eindruck, dass On meinem Vater und Hiroko meiner Mutter sehr ähnlich waren, und sie sich deshalb so gut miteinander verstanden. Vielleicht war das auch der Grund, warum ich sie so mochte, sie waren genauso unkonventionell wie meine Eltern und machten deren Leben dadurch ein bisschen normaler.

Als ich noch sehen konnte, habe ich mit On immer »Vier gewinnt« und Schach gespielt. Nach meinem Unfall wurde seine Arbeit an den bekannten Datumsbildern, der *Today Series*, immer wichtiger für mich. Sie bestehen aus einfachen weißen Buchstaben auf schwarzem Untergrund und zeigen das Datum, an dem er das Bild herstellte, und zwar in der Sprache und in der gängigen Notation des Landes, in dem er sich gerade befand.

Wenn er in einem Land war, dessen Hauptsprache nicht auf dem lateinischen Alphabet beruht, malte er das Datum auf Esperanto. Es entstand in der Regel ein Bild pro Tag. Die Bilder entsprechen fast immer einem von acht unterschiedlichen Querformaten. On malte sie auch, wenn er bei uns zu Besuch war. Ich stand oft daneben und habe ihn dabei beobachtet. Er hat alles selbst gemacht, er war wie aus der Zeit gefallen. Er hat die Leinwände selbst bespannt, den Karton selbst geschnitten, die Bilder grundiert und bemalt, meistens schwarz. Er war wahnsinnig perfektionistisch – er malte diese Bilder völlig frei, ohne sie vorzuzeichnen, mit einer unglaublichen Ruhe und Präzision. Sie sind Malerei, und gleichzeitig wirken sie wie perfekt vorgestanzte oder vorgedruckte Datumsangaben. Wie Edda und Kasper rauchte On sehr viel, und wo immer er arbeitete, vermischte sich der Geruch von Farbe, Leinwand und Zigarettenqualm – bis heute ist das einer meiner liebsten Gerüche, der mich sofort zurück in meine Kindheit katapultiert, in sein Atelier in SoHo oder in die Küche unserer Frankfurter Wohnung. Seine Konzentration und seine Gelassenheit beim Malen hatten geradezu etwas Meditatives, die Energie, die von ihm ausging, und die Stimmung, die er ausstrahlte, schienen sich nie zu verändern – das Malen half ihm dabei, dem Verstreichen der Zeit zu begegnen.

Als ich jünger war, hatte ich das Konzept der Arbeiten noch nicht verstanden, und ich hatte ihn oft dazu gedrängt, das Datum meines Geburtstags zu malen. Ich wollte unbedingt eines seiner Bilder haben. Irgendwann schenkte er mir ein Datumsbild, das noch nicht verkauft worden war, vom 4. Oktober 1976.

Ich war so stolz darauf und glücklich. Nach meinem Unfall begriff ich, dass es On in seiner Arbeit vor allem um die Bewältigung des jeweiligen Tages ging. Das war eine wirklich wichtige Botschaft für mich: Es gilt, nur diesen einen Tag zu schaffen, und dann sehen wir weiter. Nur für heute.

Kasper hatte mich vor meinem Unfall überall mit hingenommen. Als ich wieder etwas mobiler war und das Haus verlassen konnte, setzte er das mit einer großen Selbstverständlichkeit fort. Ihn hat schon immer ein radikaler Pragmatismus ausgezeichnet. Er hat mir nie zu verstehen gegeben, dass ich irgendetwas nicht mehr könne oder dürfe. Er hat mich immer wieder daran erinnert, wie wunderbar es sei, nicht völlig erblindet zu sein. Glück im Unglück. Schon vor meinem Unfall hätte ich so viel von der Welt gesehen, wenn ich von Geburt an blind gewesen wäre, gab er zu bedenken, wüsste ich gar nicht, wie Dinge überhaupt aussehen, wüsste nicht, was Farben sind. Er hat mit mir über den Unfall, die medizinischen und therapeutischen Behandlungen und meine Möglichkeiten geredet, als gäbe es nichts Normaleres. Auch wenn ich das alles nicht hören wollte und es darüber hinaus nicht wirklich verstand – er hat mir deutlich gemacht, dass ich auch aus dieser neuen Situation etwas machen könnte.

Wenn wir gemeinsam unterwegs waren, hakte ich mich bei ihm ein. Mit bestimmten Armbewegungen wies er mich auf Treppen oder andere Hindernisse hin. Später ließ er ein Tandem für uns beide bauen. Er saß vorne und lenkte, ich hinten und trat mit in die Pedale. Natürlich trugen wir keine Fahrradhelme.

Irgendwann kannte man uns in Frankfurt – wir waren die beiden mit dem Tandem. Das Leben mit meinem Vater konnte etwas Grenzenloses, etwas Draufgängerisches haben – dass das nach meinem Unfall nicht abriss, gab mir große Kraft. Einmal sind wir mit dem Tandem aus Versehen auf eine Autobahnauffahrt gefahren, was dazu führte, dass ein Polizeiauto zu uns aufschloss und uns durch ein Megafon dazu aufforderte, die Autobahn zu verlassen. Ich fand das wahnsinnig lustig – Edda, als sie davon hörte, weniger.

Kasper nahm mich mit in die Städelschule, wo der Kreis der Lehrer und Studenten sich bald wie eine Familie anfühlte. Bei den Eröffnungen im Portikus stand ich an seiner Seite. Wenn ich ihn auf Reisen begleitete, durfte ich einen Teil unseres Tagesplans bestimmen. Er nahm mich mit in die Künstlerateliers wie zu Jeff Koons, bei dem ich die glänzenden Skulpturen ertasten durfte. Zusammen liefen wir auf der Eisfläche vor dem New Yorker Rockefeller Center Schlittschuh. Auf der Baustelle des Dia Centers in Beacon in Upstate New York war ich bei den Gesprächen dabei, die diese wichtigen Männer, Museumsgründer und Ausstellungsmacher – damals waren es tatsächlich meistens nur Männer – miteinander führten.

———

Mein Vater war auch die treibende Kraft hinter meiner Schulausbildung. Es war ihm sehr wichtig, dass seine Kinder Abitur machten – das war so ziemlich das Einzige, was er wirklich von uns verlangte, das Einzige, bei dem es keinen Verhandlungsspielraum gab. Für Leo und mich wurde diese Maßgabe nur noch um die Aufforderung erweitert, unter keinen Umständen zur Bundeswehr zu gehen. Nach meinem Unfall bin ich zunächst auf eine Förderschule in Frankfurt gekommen, zu der mich jeden Morgen ein Fahrdienst abholte. Doch die Schule war nur auf Haupt- und Realschulabschlüsse ausgerichtet. Als ich vierzehn war, wechselte ich schließlich auf die Carl-Strehl-Schule in Marburg, die zur Blindenstudienanstalt gehört und neben der brandenburgischen Blindenschule in Königs-Wusterhausen das einzige Gymnasium für Blinde und Sehbehinderte in Deutschland ist.

Marburg, eine behütete Universitätsstadt, ist nur eine Stunde von Frankfurt entfernt. Die 1916 von Carl Strehl gegründete Blindenstudienanstalt wurde ins Leben gerufen, um die kriegsblinden Soldaten des Ersten Weltkriegs zu unterstützen, ihnen beim Wiedereinstieg ins Berufsleben zu helfen und eine eigenständige Existenz zu ermöglichen. Aufgrund der Blindenstudienanstalt, kurz Blista, leben außergewöhnlich viele Blinde in Marburg, und die ganze Infrastruktur der Stadt ist darauf ausgerichtet. Es gibt Beratungsstellen, Freizeitangebote, Vereine und Selbsthilfegruppen. Wahrscheinlich gibt es keinen Ort in Europa, der besser auf die Bedürfnisse und Handicaps von Blinden und Sehbehinderten zugeschnitten ist – von den piepsenden Ampeln bis hin zu den begradigten Bordsteinkanten.

Heute ist es Standard, dass Kinder mit Einschränkungen integrativ beschult werden. Ich selbst wäre bei einem solchen Modell gescheitert. Die Schulklassen in Marburg waren sehr klein, dadurch war eine völlig andere Betreuung möglich. Das setzte sich in Spezialangeboten fort, die auf die Bildung von Schülern mit einer Sehbehinderung zugeschnitten waren und vor allem das Ziel hatten, uns die selbstständige Bewältigung des Alltags zu ermöglichen. An der Blista habe ich etwa einen Kurs mit dem Namen »Lebenspraktische Fähigkeiten« belegt, in dem ich Kochen, Putzen und Wäschewaschen gelernt habe, für Blinde und Sehbehinderte eine große Herausforderung, die mit genügend Übung jedoch gut zu bewältigen ist. Es gab ein verpflichtendes Sportangebot, das uns ein besonderes Vertrauen in uns und unsere körperlichen Fähigkeiten schenken sollte. So lernte ich Rudern, Skifahren und Reiten. Wenn man wollte, konnte man dort sogar Segeln oder Torballspielen lernen, eine mit Handball vergleichbare Mannschaftssportart. Voltigieren war das Schlimmste. Auch Kunst wurde dort unterrichtet, was für mich besonders wichtig war. Herr Schohl, mein Kunstlehrer in Marburg, war der Meinung, dass wir uns mit moderner und zeitgenössischer Kunst auseinandersetzen sollten, weil die Sehenden dafür genauso blind seien wie die Blinden. Statt klassischer Kunstgeschichte unterrichtete er Marcel Duchamp und Joseph Beuys. Wenn man sich etwa mit dem Impressionismus befasst, geht es um Farbgebung, Maltechnik, Pinselführung und die Wirkung des Lichts – man sieht, was man sieht. Für das Verstehen von Gegenwartskunst muss man andere Zugänge finden. Man muss sich mit den Konzepten beschäftigen, die ihr zugrunde liegen, mit ihrer Philosophie.

Eine weitere prägende Erfahrung, die ich in dieser Zeit gemacht habe, war der Austausch mit anderen Blindschleichen. Auch deshalb ist es wichtig, dass es solche Einrichtungen gibt. Es ist dieser Austausch, der mich als Jugendlicher am meisten vorangebracht hat. Am Wochenende fuhr ich weiterhin nach Hause, nach Frankfurt. Unter der Woche lebte ich im Internat der Blindenschule, das weniger einem Internat als einer Wohngemeinschaft glich. Die Unterbringung der Blista-Schüler in Marburg erfolgte dezentral. Zuerst wohnte ich in einer schönen, sich über zwei Etagen erstreckenden Altbauwohnung in der Friedrichstraße im Südviertel der Stadt. Das war eine neu ins Leben gerufene, gemischte Wohngruppe, in der blinde und sehbehinderte Mädchen und Jungen Tür an Tür wohnten. Es gab neun Einzelzimmer für die Schüler, ein Zimmer für die Betreuer, ein Wohnzimmer, Küche, Bad und Gästezimmer. Man wurde zur Eigenständigkeit erzogen, man musste sein Zimmer aufräumen, hat zusammen gekocht, man hatte Küchendienst und musste selbst einkaufen gehen. Jeden Tag kam ein anderer Betreuer in die Wohngruppe und schlief auch dort. In den ersten sechs Monaten gab es einen Fahrdienst, der uns zur Schule brachte, die etwa fünf Kilometer entfernt lag. Danach mussten wir selbst zur Schule gehen und eigenständig den Bus nehmen. Dann schlängelte sich jeden Morgen eine kleine Blindenstockkarawane durch die Stadt.

Es war aufregend, mit 14 so eigenständig zu leben, fernab der Familie. Natürlich waren die ersten Monate schwierig für mich, und ich litt unter dem Alleinsein, aber den anderen Kindern ging es genauso. Irgendwann wurde unser gemeinsamer Alltag sehr lustig. Lauter pubertierende Blinde lebten hier unter einem Dach zusammen. Wir saßen vor dem Fernseher und haben uns wie Geschwister um die Fernbedienung gestritten, die wir »die Macht« nannten, und darüber, ob man nicht lieber Fernhören dazu sagen sollte. Und wir erzählten uns Blindenwitze. Lieber eine Blinde im Bett als eine Taube auf dem Dach. Es bildeten sich Freundschaften und Feindschaften. In einem Zimmer durfte man sogar rauchen. Das Internat war vielerorts umstritten, weil es so frei war. Für uns war es ein Traum.

Alle Schüler an der Blista hatten unterschiedliche Krankheitsbilder: von Kindern, die von Geburt an blind waren, über Kinder wie mich, die durch einen Unfall sehbehindert waren, bis hin zu Kindern mit Erbkrankheiten wie der *Retinitis pigmentosa*, bei der allmählich die Sinneszellen der Netzhaut absterben. Für mich war es wichtig zu sehen, wie andere in meinem Alter, die es oft noch schlimmer getroffen hatte, mit ihrer Behinderung umgegangen sind. Ich bin etwa mit Verena Bentele zur Schule gegangen, die heute Politikerin ist und den VdK, den größten Sozialverband Deutschlands, leitet. Schon während der Schulzeit nahm sie bei den Biathlon- und Skilanglaufwettbewerben der Paralympischen Winterspiele teil und gewann zwölf Goldmedaillen. Während Verena super diszipliniert war, immer trainiert und ihr Leben dem Sport gewidmet hat, gab es einige Typen, die nur gekifft und sonst gar nichts gemacht haben. Es war eben in vieler Hinsicht auch ein ganz normales Internat.

Ich selbst war nie wirklich gut in der Schule und habe immer jede Menge Blödsinn angestellt. Ich habe viel Zeit mit den coolen Mall-Kids verbracht, die vor irgendwelchen Supermärkten abhingen, bin in Jugendclubs gegangen, habe mit meinen Freunden Wasserpfeifen aus Teekannen und Blindenstöcken gebaut. Ich habe eigentlich immer das Verbotene und Andere gesucht und schrieb auch nur dann gute Noten, wenn ich mich wirklich für etwas interessierte. Computerunterricht, Englisch und Geschichte fielen mir leicht, alles andere nicht. Schließlich bin ich dann auf den wirtschaftlichen Zweig des Gymnasiums gewechselt, wo man kein Latein belegen musste und stattdessen in Wirtschaftslehre und Rechnungswesen unterrichtet wurde.

Mit 16 zog ich in eine andere Wohngruppe, die für Jugendliche meines Alters bestimmt war und direkt am Bahnhof lag. Es war die Zeit, in der sich ein halbes Jahr wie ein halbes Leben anfühlte, weil so viel passiert und weil man so viele neue Sachen erlebt. Eine Zeit, in der sich alle selbst neu entdeckten. Ich hatte eine Freundin und zum ersten Mal Sex. Dann kam ich mit Bine zusammen. Wir waren zwei Jahre lang ein Paar und haben in unserer Wohngruppe mehr oder weniger offen zusammengelebt. Als sich Bine von mir trennte und mit einem ihrer Exfreunde zusammenkam – ich war auf eine Ruderfreizeit gefahren, obwohl sie mich gebeten hatte, bei ihr zu bleiben –, glaubte ich, dass noch nie in meinem Leben irgendetwas so wehgetan hatte. Mir war es noch nie so schlecht gegangen, und ich fragte mich die ganze Zeit, warum das eigentlich so war. Ich hatte noch nicht verstanden, dass der erste Liebeskummer offenbar der schlimmste ist.

———

Während ich in Marburg meine Jugend mit allem, was dazugehörte, auslebte, ließen sich meine Eltern scheiden. Die Trennung hatte sich abgezeichnet, erwartet hatte ich sie trotzdem nicht. Da ich im Internat wohnte, bekam ich davon nicht viel mit. In den Jahren zuvor hatten sich meine Eltern immer mehr voneinander entfernt, und wenn ich sie zusammen erlebte, stritten sie sich mehr als miteinander zu reden. In gewisser Hinsicht besiegelte die Trennung auch etwas, das ich schon zu ahnen begonnen hatte: Trotz aller Widrigkeiten, trotz meiner Sehbehinderung hatte sich mein Leben von dem meiner Eltern gelöst. Ich befand mich auf dem Sprung in ein eigenes Leben.

Ich habe in Wirklichkeit erst sehr viel später verstanden, was ich an der Blindenstudienanstalt in Marburg mitbekommen habe. Deutlich später. Was mir dort unter anderem durch den Kontakt zu Jugendlichen mit ähnlichen Problemen gelang, war eine erste wirkliche Aufarbeitung des Unfalls, der mein Leben aus der Bahn geworfen hatte. Ich lernte, mir bestimmte Fragen nicht mehr zu stellen: Was wäre, wenn ich nicht mit den Sprengstoffkügelchen gespielt hätte? Warum waren meine Eltern nicht strenger gewesen? Hätte man besser auf mich aufpassen können? Warum ist das den anderen Jungs, die mit den Startschusspistolen gespielt haben, nicht passiert? Ich lernte aber auch, dass Vertrauen etwas ist, das man trainieren kann. Verena Bentele hat ein Buch geschrieben, in dem sie unter anderem darüber berichtet, was sie im Leben als Blinde gelernt hat. Dort schreibt sie, dass Hindernisse und Begrenzungen zum Leben gehören und man sich dazu bringen müsse, ihnen den negativen Beigeschmack zu nehmen. Sie schreibt, dass man, wenn man mit einer unangenehmen Situation klarkommen wolle, selbst die Initiative ergreifen und seine Bedürfnisse klar kommunizieren müsse, da sich ansonsten nichts an ihr ändern würde.[5] Was für viele Menschen wie gut gemeinte Ratschläge aus einem Lebensratgeber klingt, hat für Menschen mit einer Sehbehinderung eine andere, eine existenzielle Bedeutung.

Jeder von uns geht mit den Traumata seines Lebens auf eine andere Weise um, jeder von uns trauert unterschiedlich. Dass man Traumata ganz überwinde, dass man mit seiner Trauer wirklich abschließe, sei, so der britische Psychoanalytiker Stephen Grosz, vor allem eins: eine verführerische Fantasie. Wir wollen daran glauben, weil uns Trauma und Trauer immer wieder überraschen und aus der Bahn werfen, auch noch Jahre und Jahrzehnte nach dem eigentlichen Geschehen. Aber was ich heute auch sehe und mir immer wieder klarmache: Ich hatte auch großes Glück. Das Glück, die notwendige Unterstützung und Förderung gefunden zu haben. Das Glück, jung gewesen zu sein, als der Unfall passierte. Das Glück, in der Lage gewesen zu sein, die Grundsteine für ein eigenständiges Leben zu legen.

Wenn ich ein Bild finden sollte, das meine Zeit in Marburg am besten zum Ausdruck bringt, dann dieses: Ein Zivildienstleistender mit einem Auto, das über ein gutes Soundsystem verfügt, sammelt die blinden und sehbehinderten Teenager ein, die

---

5 Verena Bentele: *Kontrolle ist gut, Vertrauen ist besser. Die eigenen Grenzen verschieben und Sicherheit gewinnen*, München 2014.

er betreut und die ihn sehr bewundern. Zusammen fahren sie auf einen riesigen, leeren Parkplatz. Die Teenager ziehen sich Inlineskates an, machen erste, vorsichtige Schritte und fahren schließlich in weiten Bögen über den Asphalt. Stundenlang. Die Autotüren stehen offen, und laute Musik schallt aus den Lautsprechern. *Ghetto Supastar. I'm a Beat Box Rocker and You're Dancing to my Beat.* Freiheit.

4

Existenzielle Krisen gehen häufig mit der Herausforderung einher, sich in gewisser Weise neu zu erfinden. Wenn ich heute an meine Teenager- und frühen Erwachsenenjahre zurückdenke, bin ich vor allem von dieser grenzenlosen, völlig selbstverständlichen Zuversicht beeindruckt, über die man in jenem Alter verfügt. Die Autorin Natalie Knapp bezeichnet die Jugend in ihrem Buch *Der unendliche Augenblick* als »Kreativlabor« – es sei das große Talent von Jugendlichen, schreibt sie dort, spontan neue Dinge auszuprobieren, die Ansprüche, die die Eltern und die Gesellschaft an sie stellen, beiseitezuschieben und über lange Zeiträume mit Unsicherheit und ungelösten Problemen zu leben. Für sie ist es nicht verwunderlich, dass viele der besten neuen Ideen und Entdeckungen von jungen Menschen stammen. Denn es sei genau diese »Unsicherheitstoleranz«, die für kreative Prozesse verantwortlich sei.[6] Aus

6   Vgl. Natalie Knapp: *Der unendliche Augenblick. Warum Zeiten der Unsicherheit so wertvoll sind*, Reinbek 2015.

der heutigen Sicht ist es mir ein Rätsel, wie ich damals die Resilienz aufgebracht habe, mit der Erfahrung meines Unfalls zurechtzukommen, die Folgen meiner Sehbehinderung zu akzeptieren und meinen Weg in ein eigenes Leben zu finden.

Während meiner letzten Schuljahre habe ich fast jedes Wochenende in Frankfurt verbracht und bin dann erst am Montagmorgen mit dem Zug nach Marburg ins Internat gefahren. Edda war inzwischen nach München zurückgezogen, wo sie sich immer am wohlsten gefühlt hatte. Kasper war zum Direktor des Museum Ludwig berufen worden und lebte wieder in Köln, hatte aber eine Wohnung in Frankfurt behalten, die ich nutzen konnte. Später lebte ich dort mit meiner Freundin, einer Philosophin, zusammen. Frankfurt blieb ein Lebensmittelpunkt für mich – nicht nur, weil ich gelernt hatte, mühelos durch die Stadt zu navigieren, sondern auch, weil ich an jenen Wochenenden in die Kunstszene eintauchen konnte. Mit großer Selbstverständlichkeit begann ich, zu allem zu gehen, was es gab. Zu jeder Ausstellung im Städel, im Portikus, im Museum für Moderne Kunst oder in der Schirn. Zu jeder Kunstvereinsdiskussion, jeder Galerieeröffnung, ins Theater am Turm, ins Bockenheimer Depot, zu Lesungen im Literaturhaus, zu Vorträgen. Ich besuchte die Ateliers der Kunststudenten an der Städelschule und ging zu ihren Partys. Obwohl mein Vater dort nicht mehr arbeitete, war er allgegenwärtig, und jeder wusste, wer ich war. Es war sicherlich nicht die Idealvorstellung der dortigen Studenten, mit einem sehbehinderten, übergewichtigen 18-Jährigen abzuhängen, aber sie akzeptierten mich, weil ich der Sohn von Kasper war.

Zudem gab es in Frankfurt ein kleines Universum künstlerischer Off-Spaces. Die junge Kuratorin Maike Behm zum Beispiel hatte den RR-Raum gegründet, der in der Frankfurter Kunstszene so etwas wie tonangebend war. Ein Kurator namens Saul Judd betrieb einen Kunstraum im Bahnhofsviertel und die Frankfurter Sparkasse das Kulturforum 1822.

Alles, was es gab, saugte ich in mich auf wie ein Schwamm. Das hatte sicherlich auch damit zu tun, dass meine Seheinschränkung es immer noch extrem erschwerte, an intellektuelle Inhalte zu kommen. Die Schule in Marburg konnte damit nur bis zu einem gewissen Grad dienen. Ich hatte die Hörbücher, doch das waren meistens Romane. Wenn ich etwas anderes lesen wollte, musste ich eine Lesemaschine benutzen, die die Buchstaben auf einem Bildschirm so vergrößerte, dass ich sie erkennen konnte, Silbe für Silbe, Wort für Wort, und mich zu dem frustrierenden Lesetempo eines Erstklässlers zwang. Auch hatte ich mich in Vorlesungen für Kunstgeschichte an der Marburger Universität geschlichen, aber bald festgestellt, dass dort nur über Malerei gesprochen wurde, die ich mit meinen Augen schlecht erfassen konnte und die historisch weit zurücklag.

Im Dezember 2000 klinkte ich mich bei der Gründung des Off-Spaces Lola Montez ein. Die Initiatoren Anja Cioska und Mireck Macke hatten ihn nach der irischen Tänzerin und Skandalnudel des 19. Jahrhunderts benannt. Es war die Zeit der alternativen Kunsträume, und die Idee war, damit sowohl das Kunst- als auch das Partypublikum der Stadt zu erreichen. Der Raum befand sich im Gewölbekeller eines leer stehenden

Industriegebäudes hinter der Konstabler Wache. Ich habe über meinen Cousin von Brillux Farbe besorgt, mit der wir die Kellerwände tünchten. Damals kam es mir gigantisch vor – eine Bar im Keller mit angeschlossenem Ausstellungsbetrieb. Aber das Ganze hatte auch Grenzen. Einmal habe ich vorgeschlagen, Ulrich Meister auszustellen, einen Documenta-Künstler, über den wir im Kunstunterricht in Marburg gesprochen hatten. Er hat kleine Alltagsgegenstände wie Gummiringe an einen Nagel gehängt und dann Gedichte darüber verfasst. Es ging ihm um das Hervorheben der Besonderheiten jener Gegenstände, denen man eigentlich keine Bedeutung beimisst. Kasper mochte die Arbeiten nicht, mich haben sie berührt. Der Vorschlag kam nicht so gut an, weil ihn in Frankfurt kaum jemand kannte. Eigentlich wollten sich die Gründer des Lola Montez, eine Art Ausstellungskollektiv, sowieso nur gegenseitig ausstellen. Wir finanzierten uns unter anderem durch die Getränkeverkäufe, und das Ausbleiben der Leute aus unserer eigenen Szene hätte ein wirtschaftliches Problem für uns dargestellt. Ich wollte mehr, auch wenn ich noch nicht sagen konnte, was genau das sein sollte.

Dass ich in der Kunstszene Frankfurts immer stärker aufging, führte auch dazu, dass ich Freundschaften schloss, die mich jahrelang begleiten sollten, zum Beispiel mit dem Künstler Jeppe Hein, den ich bis heute in meiner Galerie ausstelle. Ich lernte Jeppe bei einer Eröffnung im RR-Raum kennen. Er studierte an der Städelschule in der Klasse von Heimo Zobernig. Am Städel gab es Lager, Streitigkeiten und um Deutungshoheit kämpfende Cliquen, aber Jeppe schien all das egal zu sein. Er machte sein eigenes Ding und wusste genau, was er wollte. Während des Studiums arbeitete er als Assistent von Olafur Eliasson, der damals selbst noch am Anfang seiner Karriere stand, und hatte auch schon den Plan gefasst, nach Berlin zu ziehen. In seiner ganzen Selbstverständlichkeit war Jeppe für mich wie ein Fenster in eine andere Welt. Er war unverkrampft und gut drauf – ich fand ihn wahnsinnig beeindruckend. Im Vergleich zu anderen Menschen schien er über die zehnfache Energie zu verfügen.

Außerdem stellte Jeppe bereits regelmäßig aus, unter anderem im Frankfurter Kunstverein, den damals der Kurator Nicolaus Schafhausen leitete. Nicolas hatte eine sehr gute Ausstellung zum Thema »Heimat« zusammengestellt, die ich mir schon mehrmals angeschaut hatte. Sie vermittelte eine Sehnsucht, von der nicht ganz klar war, worauf diese sich richtete. In ihr kristallisierte sich für mich so etwas wie die Suche nach einem unbekannten Gefühl. Wolfgang Tillmans zeigte an Nägeln hängende Prints aus seiner *Concorde*-Serie gezeigt, Pawel Althamer steckte für die Eröffnung polnische Obdachlose in Prada-Anzüge, die sich unter das Publikum mischten und sich betranken, von Bernhard Martin war eine *Einraumdisko* zu sehen, ein Ikea-Schrank, in dem es eine Party gab – komplett mit Musik, Beleuchtung und einer Abstellmöglichkeit für ein Getränk. Diese Künstler waren damals noch kaum bekannt.

Jeppe steuerte eine Arbeit bei, die aus fahrenden Bänken bestand. Diese Bänke sahen aus wie normale Museumsbänke.

Wenn sich die Betrachter darauf setzten, fuhren sie langsam auf Rollen durch den Ausstellungsraum. Die Arbeit brach nicht nur mit der museal angespannten Atmosphäre, sondern sorgte buchstäblich dafür, dass sich die Perspektive der Betrachter veränderte. Sie war der ideale Kommentar auf die globale Bewegung, die in jenen Jahren das statische Heimatkonzept auflockerte.

Nach dem Ausstellungsbesuch setzte ich mich draußen auf die Stufen in die Sonne und stieß dabei auf Jeppe. Im Laufe unserer Unterhaltung erwähnte er, dass er in ein paar Stunden mit dem Auto nach Italien fahre, um einige seiner neueren Neon-Objekte zu einer Gruppenausstellung zu bringen. Er lud mich spontan dazu ein, ihn zu begleiten, und ich sagte, ohne lange darüber nachzudenken, zu. Wir sind noch kurz bei mir zu Hause vorbei, um ein paar Sachen zu holen, und haben dann unseren italienischen Roadtrip begonnen. Die Ausstellung fand in der Galeria Massimo Minini in Brescia statt, ungefähr eine Stunde außerhalb von Mailand. Minini ist ein wichtiger Galerist, der etwa mit Lawrence Weiner und Dan Graham arbeitet. Auch wenn Brescia im wahrsten Sinne des Wortes Provinz war, fühlte es sich internationaler als Frankfurt an, und auf einmal schien sich mir eine andere Welt zu öffnen.

Dieser Reise war der Anfang unserer Freundschaft. Einige Wochen später nahm mich Jeppe zur Eröffnung der ersten großen Olafur-Eliasson-Ausstellung im ZKM mit, dem Zentrum für Kunst und Medien in Karlsruhe. Zusammen gingen wir durch den Ausstellungsparcours – ein Raum voll dicker, leuchtend gelber Nebelschwaden, eine aufwendige Eisbahn, eine Installation, die die Betrachter mit einer klassischen Camera obscura einfing – eine Parallelwelt zu jener Kunst, die ich über meinen Vater und meine Familie kannte. Langsam bekam ich einen eigenen Zugang zu Positionen der Gegenwartskunst, die meiner Generation näherstanden und die andere Akzente setzten. Zu einer Kunst, die die Betrachter zu einer neuen Art von Teilhabe einlädt.

––––––

Mein Frankfurter Leben begann mein Marburger Leben zu überschatten. Ich vernachlässigte die Schule, soweit es ging. Es war klar, dass ich mein Abitur machen wollte, schon allein um keinen Ärger mit Kasper zu bekommen, aber mein Lebensmittelpunkt verschob sich trotzdem immer mehr zurück an den Main. Gleichzeitig musste ich darüber nachdenken, wie es nach der Schule weitergehen sollte.

An der Blindenstudienanstalt wurden dafür verschiedene Berufsworkshops angeboten, die Auswahl an Betätigungsfeldern war trotz aller Förderung sehr begrenzt. Wenn man gut in der Schule war, wurde einem empfohlen, eine Beamtenlaufbahn im mittleren Dienst einzuschlagen oder Dolmetscher zu werden. Wenn man wie ich keine allzu guten Noten schrieb, blieb einem nur übrig, Masseur oder Korbflechter zu werden. Ich wusste auch, dass ich nicht studieren wollte, schon aus pragmatischen Gründen: Ich hatte das Gefühl, dass mir ein Studium Zeit rauben würde, ich war zu ungeduldig und wollte auf eigenen

Füßen stehen. Zugleich gab es für mich keine Notwendigkeit, für meinen eigenen Lebensunterhalt aufzukommen, zumindest übten meine Eltern keinen großen Druck auf mich aus. Ich musste mich also selbst unter Druck setzen, wenn ich den Sprung ins Berufsleben schaffen wollte. Die Entscheidung für eine bestimmte Karriere hatte daher eine gewisse Dringlichkeit – und zwar noch bevor ich das Abitur abgeschlossen hatte. Die Gefahr, in ein unerfülltes Leben abzudriften, erschien mir sonst zu groß.

Für mich war völlig klar, dass ich etwas mit Kunst machen wollte, ich wusste nur nicht, was. Ich hatte darüber nachgedacht, selbst Künstler zu werden, und sogar einige Ideen für konzeptuelle Skulpturen entwickelt, doch ich war dabei relativ schnell an Grenzen gestoßen. Ich nahm wieder Abstand davon. Ich hatte auch andere Kinder bekannter Eltern in der Kunstwelt dabei beobachtet, wie sie versuchten, ihre eigenen Wege als Künstler zu gehen. Dabei war mir immer wieder aufgefallen, dass sie kaum jemand ernst nahm. Doch letztlich habe ich mich nicht getraut, Künstler zu werden, da ich tief in mir drin wusste, dass ich kein Künstler war. Vielleicht verfügte ich schlicht nicht über den dafür notwendigen Drang? Wenn man Künstler ist, ist man Künstler, da hat man wenig Wahl.

Nicolaus Schafhausen hatte mir angeboten, sein Assistent zu werden. Das war wichtig für mein Selbstbewusstsein und hat mir einen Motivationsschub gegeben. Aber ich konnte sein Angebot nicht annehmen. Es kam zu einem Zeitpunkt, an dem ich die Schule hätte abbrechen müssen, und das hätte großen Ärger mit meinem Vater bedeutet. Zudem verstand ich schnell, dass der Job mit meiner Sehbehinderung überhaupt nicht funktionieren würde. Wie sollte ich zum Beispiel die ganze Büroarbeit hinbekommen? Wie Briefe und E-Mails schreiben? Ich konnte keine Fotokopien machen, keine Botengänge erledigen, keine Flüge buchen. Und wie hätte ich eine Karriere in der Kunstvereins- und Museumswelt machen können, wenn ich so wenig sah und daher mit den Arbeiten so vieler Künstler automatisch nichts anfangen konnte? Ich wollte etwas mit Kunst zu tun haben, konnte aber kein Künstler werden und auch nicht als Assistent arbeiten, ich hatte nicht studiert und hatte das auch nicht vor und konnte keine Kunstkritiken schreiben. Aber ich spürte auch, dass ich etwas anderes sehr gut konnte: mit Künstlern zusammenarbeiten. Ich wollte bei der Produktion von Kunst mitwirken und Ausstellungen machen. Was blieb mir also übrig? Eine Galerie zu machen, dachte ich. Das schien mir geradezu wie eine rettende Idee, denn es war das Einzige, was ich sofort auf die Beine stellen konnte. Einen eigenen Kunstraum zu gründen, in dem man nur sich selbst und den Künstlern, mit denen man arbeitet, verpflichtet ist. Und ich hoffte, dass es mir gelingen würde, mir mit meinem Programm einen Namen aufzubauen und danach eine Karriere als Kurator einzuschlagen, als unabhängiger Ausstellungsmacher, wie Kasper. Das war mein erklärtes Ziel, darauf sollte alles hinauslaufen.

Meine Idee, eine eigene Galerie zu gründen, war nicht aus der Luft gegriffen. Mein Bruder Leo war 1998 nach New York gegangen, hatte dort die Galerie Leo Koenig Inc. gegründet und galt in meiner Familie von nun an als das Wunderkind – zumindest kam es mir so vor. Wie Kasper war Leo fahnenflüchtig geworden und konnte für einige Jahre nicht nach Deutschland zurückkommen. Er verfügte über einen amerikanischen Pass, da er in New York geboren worden war, und gab später sogar seine deutsche Staatsbürgerschaft ab. Zunächst hatte er in den Galerien von Paula Cooper, Brooke Alexander und David Zwirner gearbeitet, um das Handwerk zu lernen. Kasper hatte seine ersten beruflichen Erfahrungen ebenfalls in einer Galerie gesammelt, und zwar in der von Rudolf Zwirner, dem Vater von David Zwirner. Letzterer wurde anfangs eine Art Mentor für Leo und sorgte auch dafür, dass mein Bruder mit den Verkaufsprovisionen auf die von ihm vermittelten Werke relativ schnell viel Geld verdiente.

Leo hatte ein gutes Gefühl für zeitgenössische Kunst und stellte vor allem junge europäische und amerikanische Maler aus, von denen viele inzwischen sehr bekannt sind, darunter Nicole Eisenmann, Jonathan Meese, Erik Parker, Bjarne Melgaard oder Norbert Bisky. Ein interessantes Programm, das ihm bald auch ein großes Medienecho einbrachte. Zusätzlich handelte er mit den Arbeiten älterer deutscher Maler wie Georg Baselitz, Gerhard Richter oder Jörg Immendorff.

Ich war tief beeindruckt, beobachtete Leos Erfolg aber auch mit zwiespältigen Gefühlen. Viele Jungs haben zu ihren älteren Brüdern ein seltsames Verhältnis, das sich zu gleichen Teilen aus Rivalität und Bewunderung speist. Bei mir war das nicht anders. Im Laufe der Jahre war ich zudem mit meinem Vater häufig nach New York geflogen und kannte die Stadt viel besser als er. Ich konnte nicht glauben, dass mein Bruder da jetzt so groß rauskam. Obwohl ich wusste, dass es schwierig sein würde, wollte ich in meiner ganzen jugendlichen Überheblichkeit genau das: groß rauskommen. Ich wollte wie Leo sein.

Wie der Autor Ulrich Schnabel in seinem Buch *Zuversicht* beschreibt, changiert die »Kraft der inneren Freiheit«,[7] von der junge Menschen zehren, oft zwischen Selbstüberschätzung und Selbstzweifeln. Ich war überhaupt nicht dafür gerüstet, eine Galerie zu gründen, doch je länger ich darüber nachdachte, desto besser gefiel mir diese Idee, und desto mehr war ich davon überzeugt, dass meine Pläne nicht nur aufgehen, sondern auch zu gigantischen Erfolgen führen würden. Die Fähigkeit, »ins Leere zu springen«, sei bei jungen Menschen zudem auch deshalb so ausgeprägt, so Schnabel, weil sie »mit leichtem Gepäck« reisen.[8] Denn die Vorstellungen darüber, was richtig und was falsch sei, die man automatisch ansammle, wenn man älter werde, schützen zwar vor Missgeschicken, erweisen sich aber auch als »Bremsklötze auf der Suche nach neuen Lösungen«.[9] Wer etwas Neues auf die Beine stellen wolle, dürfe sich nicht zu sehr von den Bedenken des Establishments beeindrucken lassen.

Aus heutiger Perspektive würde ich mein damaliges Verhalten als naiv bezeichnen, naiv und ausgesprochen leichtsinnig.

7 Ulrich Schnabel: *Zuversicht. Die Kraft der inneren Freiheit und warum sie heute wichtiger ist denn je*, München 2018.
8 Ebd. S. 123.
9 Ebd. S. 123.

Aber wenn ich damals nicht so leichtsinnig gewesen wäre, würde mein Leben heute nicht so aussehen, wie es aussieht. Ich begann allen Leuten außer Kasper von meinen Plänen zur Gründung einer Galerie zu erzählen und stieß bei den meisten, mit denen ich sprach, auf Skepsis und Unverständnis. Meinem Vater erzählte ich deshalb nichts von meinen Plänen, weil ich nicht wollte, dass er sie mir ausredete. Manchmal erhielt ich aber auch Zuspruch – von einigen Kunststudenten an der Städelschule, von Jeppe, Leo und von Walther. Ich entschloss mich, nur den Zuspruch zu hören.

Meine Pläne wurden auch von einer Entwicklung bestärkt, die mir Anlass zur Hoffnung gab: Nach den vorangegangenen Hornhauttransplantationen, die mal recht, mal schlecht funktioniert hatten, wurde mir im Sommer 2001 eine Spenderhornhaut eingesetzt, die größeres Potenzial zeigte. Das Risiko ist immer hoch, dass das Transplantat abgestoßen wird. Wenn das passiert, nimmt der Körper die Spenderhornhaut wie einen Fremdkörper wahr und geht dagegen wie gegen eine Wunde vor. Weiße Blutkörperchen wachsen in die Hornhaut hinein und sorgen dafür, dass sie vom Körper nicht mehr mit Nährstoffen versorgt wird. Bislang waren mir die Transplantationen und die von ihnen versursachten Achterbahnen des Sehens wie eine endlose Tortur vorgekommen. Doch das schien nun der Vergangenheit anzugehören. Die neue Spenderhornhaut funktionierte tadellos. Ich konnte besser sehen als in den Jahren zuvor. Meine Welt schien genau zum richtigen Zeitpunkt klarer zu werden. Meiner Zukunft stand nun nichts mehr im Wege, dachte ich.

Im Laufe der Monate wurden meine Pläne zur Gründung der Galerie immer konkreter. Ich suchte nach Künstlern meiner Generation, die ich wichtig fand und deren Projekte mich bewegten. Da ich in der Frankfurter Kunstszene zu Hause war, kamen sie anfangs alle aus Frankfurt. Jeppe war natürlich darunter, Michaela Meise und Tue Greenfort. Ich begann auch die Frankfurter Galeristen, die ich kannte, nach Tipps und Ratschlägen auszufragen. Michael Neff zum Beispiel hatte lang in einer größeren Galerie gearbeitet und damals gerade eine eigene in Frankfurt gegründet. Er erklärte mir die prekären wirtschaftlichen Grundlagen des Betriebs einer Galerie und erzählte von seiner Geschäftspraxis. Ich setzte mich an meine Lesemaschine und las den »Leitfaden Galeriearbeit« vom Bundesverband Deutscher Galerien und Kunsthändler sowie das Buch *Porträt des Künstlers als junger Händler* von William N. Copley,[10] der als junger Mann sein Erbe in eine Galerie steckte und dabei grandios scheiterte. Ich war also hervorragend vorbereitet.

In der Frankfurter Galerie Voges & Partner war mir Stephanie Manstein aufgefallen, die heute am Auktionshaus Christie's in London arbeitet. Ich fragte sie, ob sie sich vorstellen könne, als Direktorin meiner Galerie zu arbeiten. Sie sagte zu. Außerdem fuhr ich nach Köln, um Walther um eine Investition zu bitten. Ich hatte Geld von meiner Großmutter geerbt. Doch das würde

---

10 William N. Copley, *Porträt des Künstlers als junger Händler*, aus dem Amerikanischen von Kay Heymer. Köln 2014 (ursprünglich 1998 auf Deutsch erschienen). Das amerikanische Original erschien bereits 1976 unter dem Titel *Reflection on a Past Life*.

nicht für die Eröffnung einer Galerie reichen. Die Banken, bei denen ich um einen Kredit gebeten hatte, lehnten meine Pläne durchgehend ab. Walther war immer ein großes Vorbild für mich gewesen, nicht nur, weil er über einen untrüglichen Geschäftssinn verfügt, sondern auch, weil er Künstler unterstützt, die ihm wichtig sind. Nachdem ich ihm von meinem Vorhaben erzählt hatte, lieh er mir 20 000 Euro. Das war der Grundstein meiner Galerie. Dass er an mich glaubte, ließ mich noch mehr an mich selbst glauben.

Es war für mich von Anfang an klar gewesen, dass ich in Deutschland bleiben wollte, nicht nur, weil ich hier gern bin. In New York hatte Leo seine Galerie, im teuren London kannte ich mich zu wenig aus, und ich sprach kein Französisch, sodass ich auch nicht nach Paris ziehen konnte. Deutschland erschien mir ohnehin als ein idealer Ort für die Eröffnung einer neuen Galerie. Hier gibt es mehr Kunstvereine und Museen als irgendwo anders auf der Welt, auch in kleineren oder mittelgroßen Städten. Viele dieser Institutionen haben ausgezeichnete Programme.

Aber Städte wie München, Hamburg oder Frankfurt verfügten nur über eine kleine Galerieszene. Und Köln, die traditionelle Kunstmarktstadt, kam für mich nicht infrage, weil Kasper, der in der deutschen Kunstszene inzwischen so etwas wie eine überlebensgroße Figur geworden war, dort das Museum Ludwig leitete. Mir war klar, dass meine Arbeit zunächst in seinem Schatten stehen würde, in Köln wäre dieser Schatten noch größer gewesen. So richtete ich meinen getrübten Blick nach Berlin.

Jeppe lebte schon dort und bot mir an, dass ich ein paar Monate bei ihm in seiner Kreuzberger Wohnung unterkommen konnte. Es gab auch schon einige Galerien aus Köln, die nach Berlin gezogen waren, darunter Max Hetzler, Esther Schipper oder neugerriemschneider. Daneben gab es einige dort schon länger bestehende Galerien, die sich international einen Namen gemacht hatten oder gerade dabei waren, das zu tun – wie die Galerie Neu, Klosterfelde und die Galerie von Barbara Weiss, der neuen Freundin und späteren Frau meines Vaters. Ich kannte die Hauptstadt nur wenig. Ein Teil meiner Familie lebte dort, und wir hatten sie einige Male besucht. Aber intuitiv begriff ich, dass die Stadt Anfang der 2000er-Jahre Freiheit, Aufbruch und Veränderung versprach.

Zusammen mit Carsten Fock, einem befreundeten Maler aus Frankfurt, bin ich nach Berlin aufgebrochen, um nach geeigneten Räumlichkeiten zu suchen. Christian Nagel, den ich von seinen Galerieeröffnungen in Köln kannte, vermittelte mir schließlich einen Raum am Rosa-Luxemburg-Platz in Mitte, genau gegenüber der Volksbühne. Er lag gleich neben seiner Galerie und gehörte einer Vermieterin, der es wichtig war, dass es um den Rosa-Luxemburg-Platz herum Galerien gab, und die dafür auch hinnahm, dass diese weniger Miete als ein großes Modegeschäft zahlen konnten. Der Galerieraum befand sich im selben Gebäudekomplex wie das Babylon-Kino. Er war in den 1920er-Jahren vom Werkbund-Architekten Hans Poelzig gebaut worden und ist eines der schönsten noch erhaltenen Berliner Beispiele für die Architektur der Neuen Sachlichkeit. Carsten und mir gefiel der Raum, und ich unterzeichnete den Mietvertrag. Meine Cousine, die Architektin Anne König, half mir, die Räume renovieren zu lassen. Mir gelang es, mit der Vermieterin zu vereinbaren, dass ich die Renovierungskosten von der Miete abstottern konnte. Es wurde eine schicke Galerie mit glatt gespachtelten, weißen Wänden, riesigen Fenstern, Neonröhren an der Decke und einem grauen, terrazzoartigen Betonboden.

Heute gehört das Viertel um den Rosa-Luxemburg-Platz zur besten Mitte-Lage – Anfang 2002 fühlte es sich noch an, als lebe man dort in der Diaspora. Dennoch war die Gegend von Aufbruchsstimmung erfüllt. So sehr, dass mir zunächst kaum auffiel, dass das Viertel inmitten einer Wüste aus sich ständig erneuernden Baustellen lag, über die sich im Winter der Kohlegeruch der noch nicht renovierten Wohnhäuser legte. In der unmittelbaren Nachbarschaft gab es nur ein ungarisches Reisebüro, einen vietnamesischen Gemüsehandel, einen Underground-Modeladen, der im wahrsten Sinne des Wortes *underground* war, da man in den Keller gehen musste, um sich die dort angebotene Techno-Kleidung anzuschauen, und ein Bordell. Trotzdem konnte man jeden Tag spüren, dass hier etwas in Bewegung war. Die Auguststraße war nicht weit weg, das WMF, der Club in der Ziegelstraße, auch nicht. Und schließlich gab es Frank Castorfs Volksbühne, zu der Carsten und ich gleich mehrmals gingen. Schon bei unserem ersten Besuch schauten wir uns Sebastian Hartmanns Inszenierung von Christa Wolfs Erzählung *Der geteilte Himmel* an, die mir bis heute in Erinnerung geblieben ist, da sie mir einen Einblick in einen Teil deutscher Geschichte gab, von dem ich lange einfach nichts gewusst hatte. Die Stimmung im Theatersaal war aufregend und ungewöhnlich. Es wimmelte nur so von Bier trinkenden Leuten in meinem Alter. Man verstand sofort, dass man hier die Chance hatte, an etwas Wichtigem, etwas wirklich Neuem teilzuhaben.

———

Wie die Soziologen Daniel Laurison und Sam Friedman in ihrem Buch *The Class Ceiling* erklären, erzählt fast jeder die Geschichte seines beruflichen Werdegangs so, als hätte er seinen Erfolg nur aus eigener Kraft erreicht. Es ist verführerisch, die eigene Geschichte so zu erzählen, nicht nur, weil sie der Eitelkeit schmeichelt, sondern auch, weil sie sich in gewisser Hinsicht wahr anfühlt. Doch ich bin mir völlig bewusst, dass ich meine Galerie nie hätte gründen können, wenn ich nicht die Unterstützung meiner Familie gehabt hätte. Zum einen die finanzielle Unterstützung. Zum anderen das Privileg, von Kindesbeinen an mit Künstlern, ihren Werken, ihren Haltungen und ihren Ideen aufgewachsen zu sein. Wie durch Osmose habe ich von klein auf vieles erfahren, was andere Menschen, die sich für Kunst interessieren, erst während eines Studiums lernen können. Außerdem trage ich einen Familiennamen, der für eine gewisse Legitimität in der Kunstwelt steht. Und schließlich habe ich auch darüber hinaus Hilfe gebraucht und in Anspruch nehmen müssen – von all den hier aufgeführten und nicht aufgeführten Freunden, Bekannten und Familienmitgliedern, die jede und jeder auf ihre Weise zur Gründung der Galerie beigetragen haben. Nicht immer kann man diese Hilfe auch zurückzahlen. Einige Menschen lässt man enttäuscht zurück, egal, ob man das möchte oder nicht.

Doch man muss die Chancen, die man bekommt, auch nutzen können – und ich bin mir bis heute nicht sicher, wie gut ich die Chancen, die ich bei meiner Galeriegründung hatte, wirklich genutzt habe, denn ich hätte es bestimmt besser machen können. Worauf ich allerdings keinen Einfluss hatte, war, dass das Transplantat, in das ich so viele Hoffnungen gesetzt hatte und das so vielversprechend gewesen war, von meinem Körper abgestoßen wurde. Zunächst wollte ich es nicht wahrhaben, doch ich konnte Woche um Woche weniger sehen und musste schließlich einsehen, dass auch diese Operation nicht das erwünschte Ergebnis hatte. Ich versuchte, das Beste daraus zu machen. Ich hatte schon einen Namen für meine Galerie gefunden, der nicht das Wort »Galerie« beinhaltete, um zu zeigen, dass ich dem gängigen Konzept einer Galerie nicht folgen würde: Johann König, Berlin. Ich hatte mir auch ein Logo und Visitenkarten designen lassen und wollte die Eröffnung in Kunstmagazinen bewerben. Der Grafiker und ich spielten mit der Idee, eine Anzeige zu entwerfen, bei der wie bei einem Sehtest die Buchstabenreihen nach unten hin immer kleiner wurden. Schließlich entschieden wir uns für einen Entwurf, der nur das Logo meiner Galerie zeigte und völlig verschwommen war, so verschwommen, dass man fast nichts erkennen konnte. Ich schaltete die Anzeige in der Zeitschrift *Texte zur Kunst*. Das war mein erster bewusster Umgang mit meinem Leben als Galerist mit Seh-behinderung.

Neben den Vorbereitungen zur Eröffnung der Galerie musste ich noch mein Abitur machen. Mir war es nur wichtig, dass ich es bestand, auf die Noten kam es mir nicht an. Irgendwie schaffte ich es, alle schriftlichen Prüfungen zu überstehen und nicht durchzufallen. Doch am Abend vor meiner letzten mündlichen Prüfung wurde die Documenta in Kassel eröffnet, die wichtigste Kunstausstellung Deutschlands, die alle fünf Jahre stattfindet. In meiner neuen Aufgabe als Galerist musste ich selbstverständlich bei der Eröffnungsfeier dabei sein. Ich entschloss mich kurzerhand, die Nacht durchzufeiern und am nächsten Morgen die Bahn nach Marburg zu nehmen, das nur eine Zugstunde von Kassel entfernt liegt. Ich schaffte es sogar, meinen Zug zu bekommen, doch ich schlief im Abteil ein und wachte im einige Hundert Kilometer entfernten Karlsruhe wieder auf. Als ich in der Schule anrief, um mich krank zu melden, konnte man die Ansagen des Bahnhofspersonals hinter mir hören. Erst als ich einen Arzt fand, der sich großzügig zeigte und mir per Attest bescheinigte, dass ich unter den Nebenwirkungen von Antibiotika gelitten hätte und deshalb im Zug eingeschlafen wäre, durfte ich die Abiturprüfung nachholen – allerdings erst im Sommer, nachdem ich meine Galerie in Berlin eröffnet hatte.

Der Absturz bei der Documenta war nicht der einzige große Fehler, der mir in jener Zeit unterlaufen ist. Vielmehr habe ich mich damals eher von Fehler zu Fehler gehangelt. Ich hatte die

Eröffnung der Galerie für den 24. Mai angesetzt, am selben Tag, an dem in Frankfurt die Manifesta eröffnet wurde, eine damals noch junge Großausstellung, die an wechselnden Orten in Europa stattfindet. Also würde nicht nur die deutsche Kunstkarawane nach Frankfurt ziehen, anstatt zur Eröffnung von Johann König, Berlin zu kommen, auch meine Freunde und Bekannten aus Frankfurt würde es kaum vom Main an die Spree treiben. Ich ging trotzdem davon aus, dass ich ein volles Haus haben würde, und dachte selbstverständlich, dass ich noch am Eröffnungsabend alle ausgestellten Arbeiten verkaufen würde. Ich war mir dessen so sicher, dass ich allen möglichen Leuten vorrechnete, wie viel Geld ich verdienen würde. Die Eröffnung meiner Galerie, malte ich mir aus, würde zu einem phänomenalen Ereignis werden.

In der ersten Ausstellung zeigte ich Arbeiten von Michaela Meise, die ich bei einem Rundgang an der Städelschule kennengelernt hatte, wo sie in der Klasse von Ayşe Erkmen studierte. Bei diesen Arbeiten handelte es sich um laminierte Pappboxen, die in unterschiedlichen Größen an der Wand hängen, wie Ikonen funktionieren und deren innere Konstruktion durch verschiedene Öffnungen einsehbar ist. Auf die Boxen hatte Michaela unbekannte Fotos bekannter Persönlichkeiten geklebt, die sie in Zeitschriften und Zeitungen gefunden hatte: Fotos von Harald Schmidt, Romy Schneider, der jungen Madonna, Chelsea Clinton, Jacques Derrida und anderen. Der Blick, den man so auf diese Menschen bekam, war nicht nur ungewöhnlich, er war seltsam persönlich und poetisch.

Mit der Auswahl ihrer Arbeiten hatte ich vieles richtig gemacht: Es waren keine hohen Produktionskosten nötig gewesen, sie waren nicht zu groß und konnten für relativ wenig Geld erworben werden, sie kosteten zwischen 1200 und 2500 Euro. Ein Schnäppchen für die Entdeckung einer unbekannten Künstlerin, der eine große Zukunft bevorstehen würde, dachte ich. Aber ich hatte auch etwas falsch gemacht: Konservatorisch waren diese Arbeiten ein Albtraum. Jeder Sammler wusste sofort, dass sie nicht lange halten würden, mir war das damals noch nicht klar. Klebefolie und Pappe sind nicht für die Ewigkeit gemacht, noch nicht einmal für ein paar Jahre.

Letztlich kamen gerade mal dreißig Leute zu der Eröffnung. Es war ein warmer Frühsommerabend, es gab Bier umsonst, und ich war am Boden zerstört. Ich habe keine einzige Arbeit verkauft. Auch in der Presse fand sie so gut wie keine Beachtung. Es hätte kaum schlimmer kommen können. Ich war nur dankbar, dass mein Vater gekommen war. Meiner Mutter ging es nicht gut, sie hatte nicht nach Berlin reisen können. Kasper wirkte sehr besorgt. Auch seine Freundin Barbara war gekommen. Sie hat nicht gesagt, wie schlimm sie die Ausstellung fand, aber wenn man sie ansah, konnte kein Zweifel daran bestehen, was sie dachte. Sie erklärte Kasper schließlich, dass das, was ich vorhabe, gar nicht umsetzbar und von vornherein zum Scheitern verurteilt sei. Man müsse mich vor mir selbst schützen, sagte sie zu ihm. Die ganze Konstellation kam ihr absurd vor: Ich konnte kaum etwas sehen, war erst einundzwanzig und hatte nicht die blasseste Ahnung davon, wie der Kunstmarkt funktioniert. Das könne überhaupt nicht gut gehen. Die Katastrophe sei vorprogrammiert, meine Erfolgschancen gleich null. Und sie hatte vollkommen recht. Wäre ich heute in ihrer Position, würde ich das ganz genauso sehen.

Als ich am Tag nach der Eröffnung die Tür zu meiner Galerie aufschloss, überkam mich eine unfassbare Depression. Ich bin völlig zusammengebrochen und habe nur geheult. Ich saß allein in der Galerie, kein einziger Besucher kam herein, um sich Michaelas Arbeiten anzuschauen. Mir war klar, dass mir bald das Geld ausgehen würde. In was war ich da hineingeraten? Was hatte ich mir an den Fuß gebunden? Wie konnte es nur weitergehen?

5

Blinde und sehbehinderte Menschen können viel erreichen, auch wenn ihnen das nur selten zugetraut wird. Als ich nach der Eröffnung, die mir wie ein Riesendebakel vorgekommen war, in meiner neu gegründeten Galerie saß, war ich mir dessen durchaus bewusst. In meiner Jugend habe ich viel über den schon erwähnten Jacques Lusseyran nachgedacht, den französischen Schriftsteller, der als Kind erblindet ist und über das Leben als Blinder schrieb. Lusseyran war zudem sehr viel mehr als ein Schriftsteller. Im Zweiten Weltkrieg war er trotz seiner Behinderung zu einer zentralen Figur der französischen Résistance-Bewegung avanciert und hatte sogar seine eigene Widerstandsgruppe gegründet, als er noch nicht einmal 18 Jahre alt war. Unter anderem hatte er die Aufgabe, in langen Gesprächen zu prüfen, ob es sich bei den Männern und Frauen, die sich um eine Aufnahme in die Widerstandsbewegung bemühten, um Spione oder um ernsthafte Anwärter handelte. Schließlich überlebte er durch viel Glück sogar seine Inhaftierung im Konzentrationslager Buchenwald, und es gelang ihm auch nach diesen erschütternden Erfahrungen, sich ein Leben als Autor, Universitätsdozent und Familienvater aufzubauen. Das waren geradezu übermenschliche Leistungen.

Ich wusste auch nach diesem Rückschlag, dass es einen Weg geben musste, etwas aus mir zu machen und meine Pläne zu verwirklichen. Eine Alternative gab es ohnehin nicht: Bestimmte Türen kann man, wenn man sie einmal geöffnet hat, nicht mehr hinter sich schließen. Ich hatte daher nur eine Möglichkeit: weiterzumachen.

Mir war klar, dass ich schlicht noch nicht genug über das Führen einer Galerie wusste. Daher begann ich, noch stärker nachzuvollziehen, wie der Kunstbetrieb funktioniert. Ich suchte den Kontakt zu anderen Galeristen, Künstlern und Kuratoren und stellte Fragen. Fragen über Fragen. Es liegt sowieso in meiner Natur, sehr neugierig zu sein. Ich kann unnachgiebig nachbohren, so lange, bis es manchen Leuten sogar unangenehm wird. Das hat etwas, glaube ich, mit der offenen und zugleich mäandernden Kommunikation, die in meinem Elternhaus herrschte, zu tun. Ich kam als Kind nur auf den Punkt, wenn ich immer wieder nachfragte und insistierte – so lange, bis ich mir mein Bild geschaffen hatte. Durch meine Sehbehinderung wurde diese Eigenschaft noch verstärkt. Wenn man wenig sieht, muss man zwangsläufig mehr nachfragen.

Auch Kasper und Walther habe ich systematisch ausgefragt, aber je länger ich das tat, desto mehr fiel mir auf, dass die ganzen Sachen, die sie sagten, für mich einfach nicht stimmten. Sie empfahlen mir etwa, des einfacheren Verkaufs wegen vor allem kleinformatige malerische Positionen auszustellen, und glaubten, dass ich mich unter keinen Umständen an den Produktionskosten beteiligen sollte. Manchmal legte mir mein Vater auch bestimmte Künstler nahe, von denen er dachte, dass sie für mich interessant sein könnten. Ich bin froh darüber, dass ich diesen Empfehlungen fast nie gefolgt bin. Intuitiv wusste ich, dass ich meine Fehler selbst machen musste. Ich wollte natürlich auch meine Unabhängigkeit unter Beweis stellen. Mir selbst gegenüber und den anderen Akteuren des Kunstbetriebs, die mich nie ernst genommen hätten, wenn ich das Programm weitergeführt hätte, für das mein Vater stand.

Gleiches galt für Ratschläge anderer Kuratoren aus dieser Generation. Francesco Bonami erklärte mir auf der Documenta 2002 zum Beispiel, dass ich unbedingt Rudolf Stingel ausstellen sollte – dem bin ich nie nachgegangen, auch wenn das nicht so klug war, zieht man die Bekanntheit in Betracht, die Stingel heute genießt. Auch der erfolgreiche Künstler Jason Rhoades, mit dem ich mich sehr gut verstanden habe und der Lehrer an der Städelschule war, bot mir an, eine Ausstellung mit ihm zu machen. Aber ich spürte, dass ich meine Galerie nur mit Künstlern meiner eigenen Generation machen konnte. Ich wollte etwas zur ihrer Rezeption beitragen, ihre Karrieren mitformen, Wahrnehmungen ändern und Kontexte neu erschaffen. Und ich wusste auch, dass ich einen eigenen Blick auf die Kunst haben musste, wenn ich als Galerist erfolgreich sein wollte. Dafür stand ja schließlich auch der Name meiner Galerie. Auch wenn dieser Blick buchstäblich getrübt war.

Ein solcher Blick entsteht nicht von heute auf morgen. Er entwickelt sich in der Zusammenarbeit mit den Künstlern, beim gemeinsamen Stemmen von Projekten, durch gemeinsame Erfolge und auch durch gemeinsames Scheitern. Für die zweite Ausstellung bei Johann König, Berlin überließ ich dem Kölner Maler Johannes Wohnseifer, mit dem ich bis heute zusammenarbeite, das Feld. Johannes war damals der vielversprechendste junge Künstler der Kölner Szene und wurde bereits von Gisela Capitain vertreten. Einige Sammler waren auf ihn aufmerksam geworden, darunter Christian Boros und Axel Haubrook, die heute vorwiegend in Berlin zu Hause sind und hier auch ihre Sammlungen ausstellen oder ausgestellt haben, aber damals noch im Rheinland lebten. Johannes war schon ziemlich weit – es war eigentlich großzügig, dass er sich dazu bereit erklärte, eine Ausstellung für meine Galerie zu entwickeln.

Das Ergebnis hieß *Elimination of Dialogue* und drehte sich in einem weiteren Sinne um die Grenzen der Wahrnehmung und des Sehens. In seiner Arbeit geht es grundsätzlich darum, dass man Kunst nur dann sieht, wenn man weiß, was man sieht, dass man also immer Codes braucht, um Sachen zu erkennen. Einige Bilder dieser Ausstellung sahen auf den ersten Blick aus wie rein grauschwarze, monochrome Leinwände. Doch sie waren mit lichtreflektierender Scotchlite-Farbe bemalt, die in der Autoindustrie oder beim Militär verwendet wird. Was auf ihnen dargestellt war, konnte man nur erkennen, wenn man etwa das Blitzlicht eines Fotoapparats auf sie richtete – Geisterbilder, die nur in einem bestimmten Licht sichtbar wurden. Das zum Beispiel war etwas, das man wissen musste. Und einige Bilder drehten sich um die Militärtechnologie der Stealth-Fighter, Flugzeuge, deren »zerknitterte« Oberfläche Radarstrahlen abprallen lassen. Man kann diese Flugzeuge also eigentlich nur mit dem bloßen Auge sehen – was allerdings dadurch erschwert wird, dass sie mit Überschallgeschwindigkeit fliegen. In programmatischen Großbuchstaben stand daher auf einem Bild auch nur »What you can't see, can hurt you« – ein Satz, mit dem ich mich aus offensichtlichen Gründen gut identifizieren konnte. Ich musste mir eingestehen, dass ich nicht genau erkennen konnte, was auf einigen dieser Bilder zu sehen war. Aber ich wusste auch, dass ich das Konzept so großartig fand, dass ich sie vertreten konnte.

Die Ausstellung lief mit Einverständnis von Gisela Capitain. Für jedes verkaufte Bild bekam ihre Galerie zehn Prozent. Das war mir recht. Mir war bewusst, dass ich mit größeren Galerien zusammenarbeiten musste, um selbst als größere Galerie wahrgenommen zu werden. Das ist eine Strategie, die ich bis heute verfolge. Kontext ist alles – auch wenn das ein oberflächlicher Mechanismus ist, als Galerist muss man ihn nutzen. Johannes brachte zudem ein eigenes Netzwerk mit: Künstler, die er kannte, kamen in die Galerie, auch Sammler und andere Galeristen, die seine Arbeit interessant fanden. Einer dieser Sammler kaufte ein Bild, das erste, das ich überhaupt verkauft habe. Darauf war eine Frau zu sehen, die auf den Trümmern eines Stealth-Flugzeugs tanzt. Der Sammler war nicht nur mein erster Galeriekunde, sondern sollte über die Jahre zu einem wirklich guten Freund werden.

Ich freute mich wahnsinnig, dass ich mein erstes Bild platziert hatte. Bei der Produktion der Werke für die Ausstellung bemerkte ich jedoch, dass das Geld richtig knapp wurde. Gleichzeitig wurde mir die bürokratische Seite des Führens einer Galerie schmerzhaft bewusst: Das Bild hat 5000 Euro gekostet, der Sammler hatte einen Rabatt von zehn Prozent ausgehandelt, es blieben also nur 4500 Euro übrig. Davon gingen 450 Euro – die 10 Prozent Provision – an Gisela Capitain. Die Hälfte des Restbetrags ist das Honorar des Künstlers. Und von meinen 2025 Euro Anteil fielen Steuern und der Beitrag für die Künstlersozialkasse an, der sich auf 4 Prozent des Verkaufspreises beläuft und den man als Galerie bei jedem Verkauf abführen muss, selbst wenn der Künstler gar nicht in Deutschland wohnt oder privat versichert ist. Die Mehrwertsteuer – damals noch 7 Prozent – ging ebenfalls von diesem Betrag ab, da der Preis der Arbeiten in der Regel inklusive der Umsatzsteuer verhandelt wird. Von dem Bildverkauf blieb also nicht viel übrig, in dem Fall etwas über 1200 Euro. Gerade mal so viel, dass ich anfangen konnte, die Schulden abzubezahlen, die bei der Produktion der Werke entstanden waren.

Wirtschaftlich geriet ich in eine solche Schieflage, dass ich mir von meinem Vater Geld leihen musste, um den Betrieb der Galerie fortführen zu können. Kasper borgte mir 10 000 Euro. Er kaufte mir auch eine Fotoserie aus meiner dritten Galerieausstellung ab, *Out of Sight* von Tue Greenfort. Mich hätte diese Entwicklung freuen sollen, aber stattdessen fühlte ich mich ein wenig gedemütigt. Gedemütigt, dass das überhaupt notwendig war. Augenscheinlich stand ich noch nicht wirklich auf eigenen Beinen.

Schätzungen zufolge fahren 30 Prozent aller deutschen Galerien alljährlich Verluste ein.[11] In kaum einem anderen Wirtschaftszweig sind solche Zahlen gang und gäbe. Anfang der 2000er-Jahre sah diese Situation sogar noch dramatischer aus. Nach den Ereignissen des 11. Septembers und dem Platzen der Internetblase am Aktienmarkt war es zu einer substanziellen Kunstmarktkrise gekommen, die einige Jahre anhielt und die Preise für zeitgenössische Kunst in den Keller trieb. Auch wenn es paradox klingt: Im Nachhinein war es gar nicht so schlecht, in solch einer Zeit eine Galerie zu eröffnen. Die Phase des Aufbaus eines Galeriebetriebs ist extrem lang, und am Anfang verkaufen nur die wenigsten Galerien etwas. Und wenn nichts geht, ist es vielleicht ganz gut, wenn das zu einer Zeit passiert, in der bei allen anderen auch kaum etwas geht. Die Gefahr, dass man eine Reputation als erfolglose Galerie bekommt, ist sehr viel geringer.

Ich frage mich, wie es unter den heutigen Bedingungen für eine junge Galerie überhaupt möglich ist zu existieren. Die Mieten sind so viel höher als damals. Zudem beträgt der Mehrwertsteuersatz auf Kunst inzwischen 19 Prozent. Das alles stellt ein Problem für den Nachwuchs dar.

Die Tatsache, dass ich mittlerweile am Rande des sicheren finanziellen Ruins stand, konnte mich nicht einschüchtern. Jeppe hatte damals die Idee zu einer Arbeit, die er *360° Presence* nannte.

---

11 Vgl. Magnus Resch: *Management von Kunstgalerien*, London 2016.

Es handelte es sich um eine Kugel, die sich zu bewegen begann, sobald jemand den Raum betrat. Durch die Bewegung wurde dann langsam der Raum zerstört. Ich fand die Idee extrem stark. Ich interessierte mich ohnehin für die Strömung der Institutionskritik, die damals Beachtung fand. Deren Künstler machten ihren Unmut an den Ausstellungsbedingungen und -mechanismen zum Thema ihrer Kunst, da diese häufig darüber entscheiden, welche Kunst wie zu sehen ist und welche nicht. Jeppes Arbeit schien in die Kerbe zu schlagen und zugleich das Erbe von Künstlern wie Gordon Matta-Clark, der in einem langwierigen Prozess ganze Wohnhäuser zerlegte, auf eine intelligente und eindrückliche Weise fortzuschreiben.

Jeppe hatte neben den schon erwähnten fahrenden Museumsbänken noch andere beeindruckende Arbeiten gemacht. Bei einer Ausstellung in Frankfurt gab es zum Beispiel eine Parkbank. Wenn man sich auf sie setzte, stieg in einem davor liegenden Gewässer eine Fontäne empor. Auch dieses Werk funktioniert auf so vielen verschiedenen Ebenen. Ich wusste, dass das die Art von Kunst war, die ich ausstellen wollte.

Allerdings hatte ich nicht das Geld, um die Produktion der Kugel zu bezahlen. Es sollten drei Exemplare dieser Arbeit entstehen. Ich verabredete mich deshalb mit Christian Boros, von dem ich wusste, dass er schon ein Auge auf Jeppes Werk geworfen hatte. Wir sprachen länger miteinander und vereinbarten, dass er von mir ein Gesamtpaket von Jeppes Arbeiten kaufen könne. Dazu sollten eine noch unproduzierte Kugel, einige Museumsbänke und andere kleinere Werke gehören. Jeppe wurde allerdings auch von der Galerie von Michael Neff in Frankfurt vertreten. Als Michael von diesem Deal erfuhr, ärgerte er sich so sehr darüber, dass er Christian dazu aufforderte, sich nicht auf die Vereinbarung einzulassen.

Ich war trotzdem mehr als überzeugt von Jeppes Idee und gab die Produktion der Kugeln nach langem Überlegen schließlich bei einer Technikfirma im Prenzlauer Berg in Auftrag, obwohl das vielleicht bedeutete, mich auf ewig zu verschulden. Wenn ich schon mit meiner Galerie untergehen sollte, dachte ich, dann wenigstens mit wehenden Fahnen, mit einem Statement, an das sich die Leute erinnern würden.

Die Ausstellung, die ich Ende September 2002 parallel zur damals noch existierenden Berliner Kunstmesse Artforum eröffnete, wurde in jeder Hinsicht ein voller Erfolg. Jeppes Arbeit war in Wirklichkeit noch viel beeindruckender, als ich es mir vorgestellt hatte. Die große, von einem Akku betriebene Kugel, deren Hülle aus Metallblech bestand, wurde durch einen Sensor im Galerieraum in Bewegung gesetzt. Dann fing sie an zu randalieren, die Wände kaputt zu machen, malerische Linien auf deren weißen Oberflächen zu hinterlassen und in den Raum hervorstehende Ecken abzustoßen. Ihre Wege waren nicht vorhersehbar. Man konnte sich sogar einbilden, dass sie einen verfolgte.

Dass ich die Galerie nach der Ausstellung würde vollständig renovieren müssen, nahm ich in Kauf. Es steckte so viel in dieser Arbeit: Es war ein Kunstwerk, das seine eigene Lebensgrundlage zertrümmerte – so wie wir Menschen gerade dabei sind, unsere Lebensgrundlage zu zerstören. Und auch persönlich konnte ich mich sehr mit *360° Presence* identifizieren: Zum einen bin ich ein schwer erziehbares Kind gewesen, das gern randalierte. Zum anderen wollte ein Teil von mir noch immer eigentlich gar keine Galerie haben und war extrem ambivalent, was diese Aufgabe betraf. Ähnlich wie die Kugel war ich in der Galerie gefangen und kam da nicht mehr heraus.

Schon zur Eröffnung der Ausstellung kamen so viele Leute, dass sie in großen Trauben auf dem Rosa-Luxemburg-Platz standen. Es sprach sich herum wie ein Lauffeuer, dass es hier etwas Aufregendes zu sehen gab. Jeden Tag kamen neue Besucher. Und ich konnte alle drei Exemplare der Kugel verkaufen. Der Essener Sammler Thomas Olbricht, dessen Sammlung heute in der Berliner Auguststraße zu sehen ist, kaufte ein Exemplar. Das zweite ging an einen schwedischen Sammler, von dem ich es einige Jahre später wieder zurückkaufte, um selbst im Besitz dieser für mich und Jeppe so wichtigen Arbeit zu sein. Und die dritte Kugel ging an das Museum of Contemporary Art in Los Angeles.

Es war ein gigantischer Coup. Paul Schimmel kaufte die Arbeit innerhalb von drei Minuten, ein Telefonanruf bei einer Geldgeberin genügte. Ich war völlig aus dem Häuschen. Es war und ist es immer noch mein oberstes Ziel, die von mir vertretenen Künstler in Museen und anderen wichtigen Institutionen unterzubringen, weil das ein nachhaltiger Wert ist, der in einem gewissen Sinne beleihbar bleibt. Bis heute wird *360° Presence* in vielen Ausstellungen auf der ganzen Welt gezeigt.

Doch selbst der Verkauf dieser Arbeit hat mich finanziell nicht saniert. Die Produktionskosten allein hatten sich auf 7000 Euro pro Kugel belaufen, und wir hatten sie für 25 000 Euro das Stück verkauft. Nach allen Abzügen blieb etwas übrig, aber nicht viel. Der Verkauf bedeutete, dass ich die Schulden bei der Produktionsfirma und der Vermieterin abzahlen konnte, und dass es möglich wurde, den Galeriebetrieb zumindest eine Zeit lang sorgenfrei fortzuführen. Er bedeutete auch, dass ich es mir leisten konnte, eine kleine Mietwohnung zu beziehen, die sich im selben Haus wie die Galerie befand.

Ich hatte monatelang bei Jeppe in Kreuzberg gewohnt und des Öfteren sogar in der Galerie übernachtet. Mit der Wohnung zog etwas mehr Stabilität in mein Leben ein. Und schließlich verstärkte dieser Erfolg meinen Ehrgeiz. Mir wurde aber auch bewusst, dass ich kämpfen musste, um zu überleben, wenn nötig, auch mit härteren Bandagen. Der Kunstmarkt erfordert diese Art von Kampfgeist. Wie man an Michael Neffs Anruf bei Christian Boros gesehen hatte, gehörte das schlicht dazu.

Um Jeppe auch international zu etablieren, versuchte ich ihm zunächst eine große Galerie in New York zu besorgen. Nach einigen Gesprächen hatte ich David Zwirner schon fast davon überzeugt, sich zu überlegen, Jeppe in sein Programm aufzunehmen. Doch dann funkte Michael erneut dazwischen. Er rief David an, behauptete, dass nur er Jeppe vertrete und niemand anderes sonst und dass man mich als Galeristen nicht ernst nehmen könne – und er hatte mit dieser Aktion auch noch Erfolg.

David nahm Abstand von der Idee, Jeppe zu vertreten, das Ganze versprach zu viel Ärger. Ich hatte genug und nahm es Michael nun auch persönlich übel. Er hatte mir viele meiner Fragen beantwortet, wofür ich ihm dankbar war, und ich hatte in den Gesprächen mit ihm viel über das Führen einer Galerie gelernt. Er konnte sich über meine Peek-und-Cloppenburg-Anzüge lustig machen, was er oft tat, und er durfte mir ruhig auch das Gefühl geben, dass er mich als Junggaleristen nicht ernst nahm, doch damit hatte er eine Grenze überschritten. Also versuchte ich, Jeppe davon zu überzeugen, dass er komplett zu mir wechselte. Ich vermittelte ihm, dass es um seine Karriere ging, dass ich mich für ihn einsetzte und dass Michael diesbezüglich neuerdings nur noch Schaden anrichte. Letztlich beendete Jeppe seine Zusammenarbeit mit ihm. Die Episode mit David hatte auch für ihn das Fass zum Überlaufen gebracht. Später brachte ich ihn bei der 303 Gallery unter.

Natürlich schützte mich mein verstärkter Ehrgeiz nicht davor, weiterhin gravierende Fehler zu machen, im Gegenteil, manchmal sorgte er geradezu dafür, dass ich sie machte. Jeppe hatte zum Beispiel schon eine Idee für eine neue Arbeit: eine riesige, verspiegelte Kugel, die, von einem Bewegungssensor gesteuert, wie magisch über den Boden rollt. Als ich dem einflussreichen New Yorker Sammlerehepaar Susan und Michael Hort davon erzählte, zeigten sie sich interessiert. Die Horts sammeln vor allem junge Kunst, und in ihren Ausstellungen werden viele Kuratoren auf die von ihnen gesammelten jungen Künstler aufmerksam. Allerdings habe ich mich mit dem Verkauf dieser

Arbeit so richtig in die Nesseln gesetzt, da ich ihnen das Werk inklusive des Transports nach New York verkauft hatte, ohne zu ahnen, wie teuer so etwas ist. Um Geld zu sparen, entschlossen Jeppe und ich uns, die Kugel selbst vom John-F.-Kennedy-Flughafen abzuholen, da wir ohnehin nach New York flogen. Man musste die Arbeit vom Cargo-Bereich zum Zoll schleppen und von dort zu einem Taxistand, der weit entfernt war. Das war so kompliziert und physisch so anstrengend, dass ich dabei die Nerven verlor. Zum Glück hatte Jeppe unheimliches Verständnis. Ohne ihn hätte ich das Ganze nicht hinbekommen. Wir hatten zudem so wenig Geld, dass wir gemeinsam in einem furchtbar heruntergekommenen Hotelzimmer übernachteten. Bei alldem bin ich auch noch mit meiner Hose irgendwo hängen geblieben und habe den einzigen Anzug, den ich mithatte, kaputt gemacht – einen von zwei Anzügen, die ich damals überhaupt besaß. Und letztlich haben wir die Horts noch zu einem Abendessen getroffen, das ich bezahlen musste. Am Verkauf dieser Arbeit habe ich nichts verdient. Vielleicht, dachte ich damals, ist dieser ganze Kunstbetrieb doch fünf Nummern zu groß für mich.

———

Wenn ich heute über diese Zeit spreche, wird mir bewusst, dass ich fast vergessen habe, wie wenig ich damals sah. Meine Sehkraft war zeitweise auf einstellige Prozentzahlen gesunken, und ich hatte wenig Hoffnung, dass sich daran noch etwas ändern würde. Irgendwann fühlte sich das für mich so normal an, dass ich fast nicht mehr darüber nachdachte. Konkret stellte mich das eingeschränkte Sehen jedoch vor einige praktische Probleme.

Ich kannte Berlin noch nicht und konnte mich nicht besonders gut in der Stadt bewegen. Zum einen, weil ich das schlicht noch lernen musste, zum anderen, weil sich die Stadt durch die vielen Baustellen in einem Zustand permanenter Veränderung befand. In Frankfurt und Marburg hatte ich mich an Annehmlichkeiten wie blindentaugliche Ampeln gewöhnt. Das gab es in Berlin damals nicht in demselben Ausmaß, vor allem in Ostberlin nicht, das in jenen Jahren zu einer völlig anderen Stadt wurde. Das bedeutete, dass mein Bewegungsradius sehr klein war und ich mich die meiste Zeit im Umkreis meiner Galerie und meiner Wohnung aufhielt. Immer, wenn ich weiter weg musste, war das mit einem beträchtlichen logistischen Aufwand verbunden. Und auf Reisen war ich in der Regel darauf angewiesen, dass mich jemand begleitete. Doch das Projekt meiner Galerie erfüllte mich so sehr, dass all diese Probleme häufig an Bedeutung verloren.

Im Sommer 2003 kam ich mit meiner Ex-Partnerin zusammen, die nebenan in der Galerie von Christian Nagel als Assistentin arbeitete. Ich ging ein und aus in der Galerie meines Kollegen, der Gesellschaft wegen, um Rat zu holen, aber immer öfter auch, um mit den dortigen Mitarbeiterinnen zu flirten. Ich war nicht mehr ganz so unförmig wie als Teenager, aber immer noch etwas pummelig, und trug meine dicken Brillengläser und meinen einzigen verbliebenen Anzug. Nach einigen Monaten übernahm sie die Stelle von Stephanie Manstein und wurde zu meiner Galeriedirektorin. Aus heutiger Sicht sicherlich keine kluge Entscheidung, aber ich war noch jung und ziemlich unreflektiert.

Unsere Beziehung war von Anfang an nicht einfach. Mal trennten wir uns, auch für längere Abschnitte, dann kamen wir wieder zusammen, aber nach einigen Wochen oder Monaten ging das Spiel wieder von vorne los. Ich hatte Affären und war auch in den Phasen, in denen wir zusammen waren, kein besonders guter Freund. Ich habe bis heute das Gefühl, dass ich Defizite habe, was meine emotionale Kompetenz angeht. Damals waren diese Defizite noch sehr viel ausgeprägter. Darauf bin ich nicht stolz. Sie hätte gern die Galerie mit mir zusammen geleitet und wäre gern Mitbesitzerin oder Partnerin von Johann König, Berlin geworden. Das allerdings kam für mich nicht infrage. Man konnte mit ihr gut über Kunst reden und streiten, und sie hat als Direktorin der Galerie einige wichtige inhaltliche Impulse gegeben, aber letztlich wusste ich intuitiv, dass ich die Galerie allein führen, dass ich meine eigene Auffassung von Kunst definieren und verwirklichen musste. Ich wusste, dass die Galerie für mich anders kein Erfolg werden konnte.

Schließlich verließ ich sie, und auch der Prozess unserer endgültigen Trennung war sehr schwierig. Ich bin mir bewusst, dass über uns immer noch einige Gerüchte kursieren, die ich an dieser Stelle adressieren muss: Etwa, dass wir meine Galerie zusammen gegründet hätten. Oder dass sie den Hauptanteil der anfallenden Galeriearbeit erledigt hätte. Oder sogar, dass wir verheiratet gewesen wären und ich sie in unserer »Scheidung« übervorteilt hätte. All das entspricht nicht der Wahrheit. Allerdings ist mir aus unserer Beziehung etwas geblieben, auf das ich bis heute jeden Tag unendlich stolz bin, stolzer als ich es je in Worte fassen können werde: Ende 2004 kam unser Sohn Franz zur Welt, und vier Jahre später unsere Tochter Rita.

———

Junge Galerien sind unheimlich prekäre Unternehmen. Doch irgendwann stellte sich in jenen Jahren ein gewisser Alltag im Führen meiner Galerie ein. Ich hatte immer mehr das Gefühl, dass alles seinen Weg ging und so weitergehen konnte, trotz aller Rückschläge, mit denen ich konfrontiert war. In mancher Hinsicht waren jene Anfangsjahre wahrscheinlich die aufregendste Zeit meines Lebens. Ich merkte, dass Johann König, Berlin immer mehr zu einem festen Bestandteil der sich gerade entwickelnden Berliner Kunstszene wurde. Ich merkte, dass mein Netzwerk größer und stabiler wurde. Auf Hochschulrundgängen und Ausstellungen entdeckte ich junge Künstler, deren Arbeiten mich begeisterten und die ich an meine Galerie binden konnte, etwa den deutsch-peruanischen Künstler David Zink Yi.

Auch auf den Kunstmessen begann ich, mit meinem Programm Erfolg zu haben. Für junge Galerien sind Messeauftritte unerlässlich. Ohne diese internationale Präsenz lassen sich sonst kaum neue Kunden akquirieren. Die Zulassung zu Kunstmessen ist zudem schlicht eine Statusfrage, der man sich unterwerfen muss. Die Teilnahme ist wichtig für das Renommee der Galerie. Doch eigentlich ist das Messesystem, das sich in den vergangenen Jahrzehnten herausgebildet hat, falsch: Es geht darum, in eine Gruppe der Auserwählten aufgenommen zu werden, zu der vermeintlich alle gehören wollen. Neulinge werden allerdings höchst selektiv ausgewählt. Junge Galerien müssen sich dafür in der Regel auf den Kopf stellen. Sie müssen nicht nur über ein herausragendes Programm verfügen, sondern auch lange und aufopferungsvoll an ihren Netzwerken arbeiten. Werden sie aufgenommen, folgt die nächste Herausforderung: Sie müssen Geld für die teils astronomischen Teilnahme- und Messestandgebühren auftreiben, nur um dann auf der Messe so viel Umsatz zu machen, dass sie anschließend wieder bei null anfangen. Darüber hinaus steht man als junge Galerie bei den Messen immer etwas im Abseits, manchmal fühlt man sich sogar ein wenig wie ein Unterhaltungsobjekt, wie der Nachwuchs, über den sich das Establishment immer auch ein bisschen amüsiert. Dennoch hat man im Grunde keine andere Wahl.

Ich hatte Glück und wurde mit meinem Programm schon relativ schnell bei kleineren Kunstmessen aufgenommen. Im Herbst 2002 nahm ich beim Berliner Artforum und bei der Artissima in Turin teil, später kamen die Armory Show in New York hinzu und Stände in den Sektionen für junge Galerien bei größeren Kunstmessen wie der Art Basel Miami Beach. Bei all den Messen habe ich mich immer wie ein Stehaufmännchen gefühlt – ich war wahnsinnig aktiv, habe mit jedem gesprochen und versucht, Projekte an Land zu ziehen. Manchmal sehe ich heute, wie sich junge Kollegen genauso ins Zeug werfen, und bin seltsam berührt.

Im Juni 2003 wurde ich auf der Liste zugelassen, einer Nebenveranstaltung zur Art Basel, der weltweit größten und wichtigsten Kunstmesse. Ein Stand auf der Liste ist sehr begehrt, eben weil sie im Schatten der Art Basel stattfindet. Ich hatte Arbeiten von Johannes Wohnseifer, David Zink Yi und Tue Greenfort dabei. Da wir kein Geld hatten und Hotelzimmer während der Art Basel nicht nur schwer zu bekommen, sondern auch noch unheimlich teuer sind, haben David und ich im Zimmer einer Bekannten von mir übernachtet. Wir mussten uns sogar ihren Fernseher leihen, um auf der Messe eine von Davids Videoarbeiten zeigen zu können. Zusammen haben wir das Gerät mit der Straßenbahn zur Liste transportiert und es dort einfach auf einen Stuhl gestellt. Heute verläuft die Planung unserer Messeauftritte ein wenig professioneller.

Doch der Einsatz zahlte sich aus. Auf der Liste habe ich zum ersten Mal richtig viel Kunst verkauft. Der schon erwähnte Paul Schimmel kaufte bei uns ein, Iwan Wirth und Manuela Hauser, die Hauser & Wirth, eine der größten Galerien der Welt, betreiben, erstanden gleich mehrere Arbeiten von David. Auch Gloria von Thurn und Taxis kam zu unserem Stand und nahm eine Arbeit mit. Ich konnte mein Glück kaum fassen. Ich umarmte alle, und immer wieder tanzte ich vor Freude auf dem Messestand herum. Und ich erzählte jedem, der mir über den Weg lief, von unserem großen Erfolg – ob er es hören wollte oder nicht. Damals nahm eine Angewohnheit ihren Anfang, die ich bis heute habe, und die, glaube ich, wesentlich ist, wenn man sich auf dem Kunstmarkt behaupten möchte: Eine ausgeprägte Kommunikation der eigenen Erfolge und der Erfolge der vertretenen Künstler – man könnte es durchaus auch »Angeberei«

nennen – ist eines der zentralen Standbeine des Geschäfts. Ich beherrsche das inzwischen sehr gut und wahrscheinlich besser als viele andere. Das ist nicht nur eine Frage des Aufbaus einer eigenen »Marke«. Aufmerksamkeit ist eine der wichtigsten Ressourcen auf einem so umkämpften Markt wie dem für zeitgenössische Kunst. Der Erfolg auf der Liste machte auch andere Sammler auf mein Programm aufmerksam, darunter den Hamburger Unternehmer Harald Falckenberg und den deutschschweizerischen Unternehmer Friedrich Christian Flick. Ich hatte das Gefühl, einen riesigen Schritt in Richtung Zukunft gemacht zu haben.

———

Paradoxerweise ist es wahrscheinlich so, dass meine Sehbehinderung an meinem Erfolg einen nicht unwesentlichen Anteil hatte. Jacques Lusseyran schreibt in seinem Buch *Das wiedergefundene Licht*: »Wie die Droge steigert auch die Blindheit gewisse Empfindungen, sie verleiht den Wahrnehmungen des Gehörs und des Gefühls (...) eine plötzliche, oft verwirrende Schärfe. Vor allem aber erweitert sie – wiederum wie die Droge – die inneren Erfahrungen auf Kosten der äußeren bis ins Maßlose.«[12] Diese Art innerer Konzentration und Wahrnehmungssteigerung, die durch die Kompensation von schlechtem

12   Jacques Lusseyran: *Das wiedergefundene Licht. Die Lebensgeschichte eines Blinden im Französischen Widerstand*, aus dem Französischen von Uta Schmalzriedt, Stuttgart 2017, S. 50.

Sehen hervorgerufen wird, kenne ich auch. Sie hat mir dabei geholfen, das zu definieren, was ich ganz persönlich unter Kunst verstehe. Andere Galerien vertraten vor allem Malerei, da Bilder in der Regel leichter verkäuflich sind als Installationen, Video- oder Konzeptkunst. Ich konnte mit Malerei aufgrund meines Sehens nur begrenzt etwas anfangen. Wenn ich Maler wie Johannes Wohnseifer vertrat, dann nur, weil seinen Arbeiten auch ein bezwingendes Konzept zugrunde lag. Doch auch die strenge und vermeintlich hochintellektuelle Konzeptkunst wurde mir recht schnell langweilig und kam mir oft verbohrt und manchmal geradezu dogmatisch vor. Viele Leute im Kunstbetrieb, für die diese Art von Kunst wichtig ist, definieren sich stark darüber, was sie nicht gut finden, und sind schnell in ihrem Urteil.

Ich hatte in der Regel großes Vertrauen zu den Künstlern. Gemeinsam mit ihnen wollte ich etwas Spektakuläres auf die Beine stellen, etwas, das sprachlos macht. Ich wollte Erlebnisse schaffen, wollte dafür sorgen, dass die Betrachter Erfahrungen sammeln, die sie nur so machen können und nicht anders. Ich wollte Kunst ausstellen, die zum Interagieren anregt, die es schafft, die Distanz zwischen Werk und Betrachter so weit wie möglich aufzuheben. Ich wollte Kunst zeigen, die selbst ein wenig wie jene »Droge« funktioniert, die Lusseyran beschreibt.

Eine meiner Lieblingsausstellungen aus den Anfangsjahren meiner Galerie, die diese Kunstauffassung auf fast ideale Weise illustriert, war das Ergebnis meiner ersten Zusammenarbeit mit Natascha Sadr Haghighian. Die Arbeit trug den unschlagbaren Titel *Die Krankheiten des Uhus und ihre Bedeutung für die Wie-*

dereinbürgerung in die Bundesrepublik Deutschland. Natascha setzt sich auf subtile Weise mit sozialen und politischen Belangen auseinander. So kann auch ihre *Uhu*-Arbeit in mancher Hinsicht als eine Meditation auf die Idee von Freiheit verstanden werden: In dem Moment, in dem jemand die Galerie betrat, erklang ein Geräusch, das sich so anhörte, als würde ein Uhu in die Galerie fliegen. Der »Vogel« flatterte dann durch die ganze Galerie und zog immer wieder seine Kreise, solange sich jemand im Raum befand. Ging die Person hinaus, flog auch der Vogel wieder aus der Tür, was durch eine Lichtschranke geregelt wurde. Wenn aber noch jemand hereinkam, kam noch ein weiterer Vogel hinzu. Je mehr Besucher sich in der Galerie befanden, desto lauter und eindrücklicher und unglaublicher wurde die Geräuschkulisse. Nachdem die Vögel ein paar Runden gedreht hatten, knallten sie mit einem lauten Geräusch immer wieder gegen die riesigen Schaufensterscheiben des Galerieraums. Das alles wurde durch ein intrikates System aus Lautsprecherboxen bewerkstelligt, die an der Decke hingen. Die Aufprallgeräusche entstanden durch Basslautsprecher, die unten am Fenster angebracht worden waren und die Fensterscheiben regelrecht zum Scheppern brachten. Es war eine fantastische Ausstellung. Man hat die Arbeit körperlich erfahren. Man konnte keine Vögel sehen, dennoch hatte man den Eindruck, sie würden einem durch die Haare fahren. Die Installation hatte etwas unheimlich Skulpturales – die vielen Geräuschspuren, die den Raum erfüllten und seine Atmosphäre neu definierten, wirkten fast greifbar.

Die Arbeit war technisch ungeheuer kompliziert, allein das Programmieren der Geräusche war eine Meisterleistung. Natascha ist das alles mit einer außergewöhnlichen Souveränität gelungen. Dass der *Uhu* nicht vermarktbar war, wollte ich zunächst nicht glauben. Aber es war so. Obwohl ich mich immer wieder bemühte, habe ich das Werk nicht verkaufen können. Es war zu unobjekthaft. Einige Jahre später habe ich Natascha dezidiert gebeten, eine leichter verkäufliche Arbeit für mich zu machen, die ich auf eine Messe mitnehmen konnte. Mit der für sie typischen Lässigkeit hat sie dafür mit unzähligen Nägeln den Satz *I Can't Work Like This* an eine Wand unseres Messestands genagelt – weil sie eben genau so nicht arbeitete oder nicht arbeiten konnte. Unter der Installation lagen noch zwei Hämmer und weitere Nägel. Diese ironische Boykotterklärung an den Kunstmarkt und seine Anforderungen war kunstmarkttechnisch paradoxerweise enorm erfolgreich. Die Arbeit ist inzwischen Teil von vier hochkarätigen Sammlungen, darunter der des New Yorker Guggenheim-Museums. Sie stand so emblematisch für ein Gefühl unter Künstlern, dass viele Artikel, Essays und akademische Aufsätze darüber geschrieben wurden und ich bis heute darauf angesprochen werde. Natürlich hat Natascha nie wieder so etwas gemacht.

Was ich in den Anfangsjahren meiner Galerie feststellte, war genau das Gegenteil: Ich konnte so arbeiten. Ich konnte und wollte es. Trotz Kunstmarktkrisen und trotz des für junge Galerien typischen täglichen Existenzkampfes funktionierte das Ganze. Fünf Jahre, nachdem ich Johann König, Berlin eröffnet hatte, genoss ich den Ruf, dass ich alles verkaufen konnte – trotz meines eigentlich so schlecht verkäuflichen Kamikaze-Programms, trotz meiner kuratorischen Experimente, die nicht selten auch nach hinten losgingen.

Natürlich stimmte das so nicht, aber immer mehr Leute dachten das. Zwar beutete ich mich komplett selbst aus, zwar lebte ich weitgehend wie ein Student, zwar war ich weit davon entfernt, es irgendwie geschafft zu haben, aber immerhin musste ich mich nicht mehr jeden Tag fragen, wie ich meine Rechnungen bezahlen sollte. Ich wurde mir aber auch bewusst, dass ich wachsen musste, wenn ich nicht stagnieren wollte. Der nächste große Schritt stand an.

6

Meistens gibt es keinen Plan für den Weg, der vor uns liegt. In der Regel finden wir ihn nur, indem wir ihn gehen. Und manchmal haben wir das Glück, dabei auf Reserven zu stoßen, von denen wir nicht wussten, dass wir über sie verfügen.

Ich wollte mich mit meiner Galerie weiterentwickeln, aber zunächst war nicht klar, wie das funktionieren sollte. Ich wusste, dass ich mich vergrößern musste, um mich auf dem Kunstmarkt zu behaupten, doch dafür gab es kein Patentrezept. Wenn ich außerdem weiter jene Kunst ausstellen wollte, die mir wichtig war, dann war mein Galerieraum am Rosa-Luxemburg-Platz schlicht zu klein und zu konventionell.

Die meisten Galerien in Berlin, Köln und Frankfurt wurden damals – wie heute auch – in Altbauwohnungen oder Ladengeschäften geführt. Nicht selten handelte es sich dabei einfach um Läden, in denen Kunst angeboten wurde. Mir aber schwebten eher Galerieräume vor, wie sie damals im New Yorker Stadtteil Chelsea in Mode kamen. Alte Speicher, Lagerhallen und Werkstätten, die unter anderem durch den Niedergang der New Yorker Schifffahrtindustrie leer standen, wurden dort nach und nach renoviert und in teils gigantische Ausstellungsräume umgewandelt. Manchmal sah man Ausstellungen, die bis dahin nur von Museen gestemmt worden waren. War etwas Ähnliches auch in Berlin möglich?

Die Suche nach geeigneten Räumen gestaltete sich schwieriger als gedacht. Zu diesem Zeitpunkt hatte die Galerie drei Mitarbeiter. Gemeinsam überlegten wir uns viele Möglichkeiten, doch wir kamen nicht wirklich voran. Zwischenzeitlich dachte ich darüber nach, am Rosa-Luxemburg-Platz zu bleiben und mit der Galerie ins Studiokino Babylon zu ziehen, das den Besitzer wechseln sollte, doch letztlich verwarf ich diese Idee wieder, weil ich das Ende des Kinos nicht auf dem Gewissen haben wollte. Auch über einen Neubau oder den Umzug in eine Tiefgarage in der Nähe dachte ich nach. Doch nichts schien wirklich praktikabel.

Irgendwann stieß ich auf die Anzeige eines Plexiglasherstellers, der nach dreißig Jahren den Betrieb in der Dessauer Straße einstellte und die Fabrikhalle neu vermieten wollte. Die Räume waren fantastisch, aber es war auch klar, dass mehr als umfangreiche Renovierungsarbeiten notwendig sein würden, um sie ausstellungstauglich zu machen – deshalb erschien mir das Ganze bei meiner ersten Besichtigung ziemlich absurd. Doch je länger ich darüber nachdachte, desto deutlicher wurde mir, dass das die richtigen Räume waren. Ich konnte es mir aus irgendeinem Grund wahnsinnig gut vorstellen, hier zu arbeiten, und hatte zudem immer mehr eine Ahnung davon, wie gut Kunst hier erleb- und erfahrbar sein könnte. Die mit Glas überdachte Halle des Gebäudekomplexes hatte eine Größe von über 500 Quadratmetern und verfügte über viel Tageslicht – ein idealer Ausstellungsraum.

Die Fabrikhalle war gebaut worden, weil das Wohnhaus, das dort eigentlich gestanden hatte, während des Zweiten Weltkriegs zerbombt worden war. Auch die Umgebung des Gebäudes steckte voller Geschichte. Man befand sich hier in einem noch ungentrifizierten, von der Berliner Teilung geprägten Beinahe-Niemandsland, einer Schattengegend, und war dennoch nah am Zentrum des Geschehens. Ein paar Hundert Meter weiter lag der Potsdamer Platz – Berlins Wahrzeichen der 1920er-Jahre, das während des Zweiten Weltkriegs mehr oder weniger dem Erdboden gleichgemacht worden war. Seit Beginn der 1960er-Jahre hatten Mauer und Todesstreifen den Platz dominiert, und nach der Wiedervereinigung waren hier Berlins einzige Hochhäuser errichtet worden. Checkpoint Charlie und die Topografie des Terrors waren nicht weit entfernt. Aber auch der Martin-Gropius-Bau, eines der wichtigen Museen der Stadt, und die Hansa-Studios, in denen David Bowie seine Berlin-Alben aufgenommen hatte, lagen ganz in der Nähe. 1987 war zudem im Zuge der Internationalen Bauausstellung, die im Zeichen behutsamer Stadterneuerung stand, begonnen worden, die Gegend umzustrukturieren. Dabei waren, auch wenn sie nicht groß auffielen, einige interessante Bauwerke entstanden, darunter das erste Gebäude der britisch-irakischen Architektin Zaha Hadid, ein metallisch leuchtendes Ensemble, das anspruchsvolles Design mit sozialem Wohnungsbau verband. Bei unseren direkten Nachbarn handelte es sich um die Suchtselbsthilfegemeinschaft Synanon. Insgesamt war die Gegend damals eine ziemlich harte Ecke, aber sie hatte auch einen gewissen Charme.

Aufgrund der Erfahrungen, die ich mit meiner Galerie in Mitte gemacht hatte, war ich mir bewusst, dass Künstler und Galerien eine wesentliche Rolle bei der Gentrifizierung spielen. Sie kommen in ein noch weitgehend unbeliebtes Stadtviertel und mieten sich preiswerte Räume. Ihre Anwesenheit prägt die Atmosphäre der Gegend und setzt infrastrukturell Veränderungen in Gang. Modegeschäfte, Bars und Restaurants ziehen nach. Das wiederum sorgt dafür, dass die Mieten steigen und die Künstler und Galerien zusammen mit einem Großteil der angestammten Einwohner die Gegend mittelfristig wieder verlassen müssen. Man wird sozusagen Opfer seines eigenen Erfolgs.

Ich wollte mich von solchen Prozessen nicht erneut unterkriegen lassen und verhandelte ziemlich hart mit dem Eigentümer der Fabrikhalle. Der von mir angeheuerte belgische Architekt Wim Goes schätzte die Kosten für die Renovierung auf 100 000 bis 200 000 Euro. Aus diesem Grund gelang es mir letztlich, gute Konditionen auszuhandeln: einen verhältnismäßig niedrigen Mietpreis und einen Mietvertrag mit einer Laufzeit von zehn Jahren und anschließender Kaufoption.

Die Renovierungsarbeiten dauerten einige Monate. Wim setzte eine Vision für den Raum um, die das alte industrielle

Flair des Gebäudes mit den Ansprüchen einer modernen Galerie verband. Er ließ Fenster in die Fabrikhalle einbauen, beließ aber Boden und Glasdecke weitgehend in ihrer alten Form. Dann schuf er durch geschickte architektonische Manöver klar definierte, aber offene Räume, die in einer Halle mit insgesamt 280 Quadratmetern lichtdurchfluteter Ausstellungsfläche kulminierten. Um die in ihrer zentralen Erhebung fünf Meter hohe Glasdecke in die Ausstellungsarchitektur zu integrieren, errichtete er Wände, die durch einen in den Raum reichenden Winkel eine imaginäre, freischwebende Decke andeuteten. Dadurch entstand ein unheimliches Höhengefühl. Das war konzeptuell brillant: Über der angedeuteten Decke schwebten die Glasdecke und darüber der Himmel. Auf der Höhe der imaginären Decke hingen zudem teils freischwebende Neonröhren, die den Raum abermals strukturierten und die Galerie geschickt ausleuchteten, wenn es kein Tageslicht gab.

Hinter der Ausstellungshalle lag ein weiterer durch Schiebetüren abgetrennter Raum, in dessen Boden Wim ein großes Loch gefräst hatte, durch das man über eine Treppe das Untergeschoss erreichte. Dort befand sich unser Lager. Das ermöglichte es uns, nicht nur auf Anfragen von Sammlern zu reagieren, sondern auch auf ein teures Außenlager zu verzichten. Außerdem machte es unheimlich Eindruck, ins Lager schauen zu können. Am Eingang diente ein fünf Meter langer, polierter Betonquader als Empfangstresen. Diese Art von Rezeption hatte geradezu etwas Museales. Und damit jeder sehen konnte, was sich in diesem Gebäude von nun an befand, ließ ich in großen Leuchtbuchstaben den Schriftzug »Johann König« aufs Dach setzen. Als die Renovierungsarbeiten an ihr Ende kamen, wusste ich: Ich hatte mir hier einen der besten Galerieräume der Stadt geschaffen. Zugleich aber bekam ich es mit der Angst zu tun. So ein riesiges Gebäude für eine kleine Galerie?

———

Wir eröffneten unsere neuen Räume zum Gallery Weekend 2006, das damals noch in den Kinderschuhen steckte und erst zum zweiten Mal stattfand. Die von rund fünfzig Berliner Galerien organisierte Veranstaltung findet jedes Jahr um den 1. Mai herum statt und bietet ein anspruchsvolles Programm aus Ausstellungen und besonderen Events. Mittlerweile ist sie ein fester Bestandteil des internationalen Kunstkalenders und bringt so viele Sammler aus Europa, Amerika und China in die Stadt, wie es sonst nur Biennalen und große Kunstmessen schaffen. Anstatt auf eine einzelne Position zu setzen zeigte ich eine Gruppenausstellung, die Arbeiten aller von uns vertretenen Künstlerinnen und Künstler vereinigte. Tue Greenfort, Jeppe Hein, Natascha Sadr Haghighian, Johannes Wohnseifer und David Zink Yi, mit denen wir schon länger gearbeitet hatten, steuerten Werke bei, aber auch Künstler wie Michael Sailstorfer, Annette Kelm oder Kris Martin, deren Beziehung zur Galerie noch relativ jung war. Die Arbeiten waren leicht verkäuflich, und ich brauchte Geld. Mein Kalkül ging tatsächlich auf. Die Düsseldorfer Sammlerin Julia Stoschek kaufte ein Spiegellabyrinth von Jeppe, und schon hatte ich zumindest einen Teil meiner Renovierungskosten wieder eingespielt.

Die zweite Ausstellung, die wir in der Dessauer Straße zeigten, war kuratorisch da schon anspruchsvoller. Es handelte sich um unsere erste Einzelausstellung mit Michael Sailstorfer. Seine Arbeiten waren mir seit Längerem aufgefallen, da sie auf sehr originelle Art und Weise erkunden, was Skulptur heute noch sein kann. So etwa auch bei einer seiner ersten Werkgruppen, *Wohnen mit Verkehrsanbindung*. Michael ist auf dem bayerischen Land aufgewachsen, dort baute er einige Bushaltestellenhäuschen zu Wohnungen um, komplett mit Bett, Tisch, Stühlen und Toilette. Das Projekt spielte auf die Rolle der Buslinien für abgelegene Landstriche an, die dort oft den einzigen Anschluss zur Zivilisation darstellen. Ich war davon auch deshalb so beeindruckt, weil Michael es einfach so gemacht hat, sprich, keinen Auftrag dafür hatte. Er ist zum Verwaltungsrat der Region gegangen, hat den Umbau beantragt und seine Idee dann in die Tat umgesetzt.

Für die Ausstellung bei uns entwickelte er eine Reihe kleinerer konzeptueller Skulpturen. Das Zentrum bildete jedoch die Arbeit *Unendliche Säule*, die einen Gedanken von Constantin Brancusi fortsetzte, einer der großen Bildhauer der klassischen Moderne. Brancusi befasste sich unter anderem mit der Frage, ob der Sockel, auf dem eine Skulptur steht, ein Teil der Skulptur ist oder nicht. Im Gegensatz zum Bild, das an der Wand hängt und so automatisch von der Wand getrennt ist, lässt sich die Unterscheidung zwischen Skulptur und Sockel nicht so einfach treffen. Zumal der Sockel ja auch etwas mit dem ausgestellten Objekt macht. Der Titel von Michaels Skulptur spielt auf eines der bekanntesten Werke Brancusis an, seine knapp 30 Meter hohe, aus Messing und Stahl bestehende *La Colonne sans fin* von 1938. Michaels Idee einer neuen *Colonne sans fin* war so poetisch wie radikal: Er gestaltete einen gigantischen Scheinwerfer, der mit der Kraft von 7000 Watt einen fünf Kilometer hohen Lichtstrahl in den Himmel schickte – eine endlose Säule aus Licht, umgeben von den riesigen Bauten des Potsdamer Platzes. Nachts konnte man sie in fast ganz Berlin sehen. Dafür wurden mehrere Glasplatten aus dem Galeriedach entfernt, sodass sich eine zwei mal zwei Meter große Öffnung ergab.

Die Fragen, die man sich bei der Betrachtung dieser Arbeit unter anderem stellen konnte: War der Lichtstrahl die Skulptur und der von Michael gestaltete, futuristisch anmutende Scheinwerfer der Sockel? Oder war alles Skulptur und ihr eigentlicher Sockel das Galeriegebäude? Mich erinnerte die *Unendliche Säule* auch an Piero Manzonis *Sockel der Welt* von 1961, eines meiner Lieblingskunstwerke. Manzoni hatte dafür einen Sockel gebaut und ihn auf den Kopf gestellt. Der Sockel trug so die Erde und erhob diese zum Kunstwerk.

––––––

Ich selbst war kaum in der Lage, den Lichtstrahl zu erkennen. Für mich war das Werk vor allem auf seiner konzeptuellen Ebene zugänglich und funktionierte, auch wenn ich das schade fand, vor allem im Kopf. Es war lange nichts mehr an meinen Augen gemacht worden. Ich hatte mich zu einem gewissen Grad an die Einschränkungen gewöhnt, die meine Sehbehinderung mit sich brachte, trotzdem war ich mir ihr permanent bewusst. Das war wie ein Computerprogramm, das im Hintergrund ablief und jede Minute meines Alltags bestimmte. In den Jahren zuvor war mein Sehen zudem sukzessive noch schlechter geworden, was ich nicht für möglich gehalten hatte, da ich ja ohnehin kaum noch etwas sah. Das war eine äußerst schmerzhafte Erkenntnis. Obwohl es mir unangenehm war, begann ich, auf Reisen wieder völlig entnervt meinen Blindenstock mitzunehmen. Ende 2007 fiel ich schließlich beim Umsteigen am Frankfurter Hauptbahnhof vom Bahnsteig ins Gleisbett. Zwei Passanten halfen mir wieder nach oben. Ich hatte Glück im Unglück und trug nur einige Verletzungen davon, hatte mir aber nichts gebrochen. Ein ziemlicher Schock war es dennoch.

Als sich wenig später mein noch sehendes Auge entzündete, suchte ich einen neuen Augenarzt auf, der mir als Koryphäe empfohlen worden war. In einem Nebensatz ließ er fallen, dass er von einem neuen endoskopischen Verfahren gehört habe, mit dem sich bei Hornhauttransplantationen große Erfolge erzielen ließen, da man damit den Augeninnendruck regulieren könne. Das ließ mich aufhorchen.

In der Hoffnung, vielleicht wieder eine Chance auf eine funktionierende Hornhaut zu bekommen, setzte ich alles daran, herauszufinden, wer in Deutschland dieses endoskopische Verfahren durchführte. Es dauerte eine Zeit lang, aber dann erfuhr ich, dass Professor Thomas Reinhard, der Leiter der Klinik für Augenheilkunde der Uniklinik Freiburg, dieses Verfahren entwickelt hatte. Professor Reinhard war mir sogar schon einmal begegnet, und zwar während des Operationsmarathons nach meinem Unfall. Er war damals Assistenzarzt bei einem der mich behandelnden Professoren. Nachdem ich mich bei ihm vorgestellt hatte, wurde ich auf die Warteliste für einen OP-Termin und ein neues Hornhauttransplantat gesetzt. Einige Monate später, im Frühjahr 2008, war es so weit.

Das von Professor Reinhard entwickelte Verfahren umging ein Problem, das bei Hornhauttransplantationen auftritt, auf geradezu geniale Weise. Damit die transplantierte Hornhaut vom Körper angenommen wird, muss man vor und nach den Operationen viel Cortison und Immunsuppressiva einnehmen. Diese allerdings haben auch die folgenschwere Nebenwirkung, dass sich der Augeninnendruck erhöht. Und ein erhöhter Augeninnendruck sorgt wiederum dafür, dass sich das Transplantat eintrübt und abgestoßen wird. Ein klassisches Catch-22. Bisher konnte man den Augeninnendruck auch operativ nicht regeln, da es nicht möglich ist, durch eine trübe Hornhaut ins Auge zu schauen. Bei dem neuen Verfahren wird ein Loch in die Hornhaut gebohrt und die Wasserkammer so behandelt, dass der Augeninnendruck sinkt. In einer zweiten Operation wird dann die Spenderhornhaut transplantiert. Auch hierfür hatte Professor Reinhard ein neues Verfahren entwickelt, das er an der Uniklinik austestete, und zwar eine sogenannte Limbo-Keratoplastik. Im Gegensatz zu regulären Hornhauttransplantationen wird dabei eine speziell präparierte Hornhaut zusammen mit den dazu passenden Stammzellen aus dem Spenderauge benutzt. Diese sogenannten Limbusstammzellen stammen aus der Limbusregion, dem Übergang zwischen Horn- und Bindehaut. Im gesunden Auge sorgen sie dafür, dass sich die äußere Hornhautschicht immer wieder regeneriert – oder, um ein Bild zu verwenden, das unter Augenärzten sehr beliebt ist, dass die »Windschutzscheibe« sauber und ohne Kratzer bleibt.

Als ich nach der Operation aus der Vollnarkose erwachte und mein Auge unter dem Verband öffnete, hatte ich sofort das Gefühl, dass sich etwas verändert hatte, aber sicher war ich mir nicht. Der große Moment kam, als mir der Verband abgenommen wurde. Ein kurzes Erschrecken: Durch den plötzlichen Wechsel von Dunkelheit zu Licht sah ich für den Bruchteil einer Sekunde einen Kreis, eine Art Aura. Doch dann – dann konnte ich mein Glück nicht fassen. Es war unbeschreiblich. So viel Licht schien in mein Auge zu fallen. Ich setzte meine Brille auf und sah meinen Arzt und die Krankenpflegerin, die den Verband abgenommen hatte. Ich sah das Zimmer, in dem ich lag, das Krankenbett, die medizinischen Gerätschaften. Ich schaute aus dem Fenster im siebten Stock und blickte auf die überraschend schöne Landschaft des Breisgaus. Eigentlich mache ich mir nichts aus Landschaften, aber dieser Anblick überwältigte mich. Alles wirkte ein wenig verzerrt, ein wenig zu farbintensiv und voller Lichtflecken – aber eines war klar: Die Operation war ein unglaublicher Erfolg gewesen. Ich konnte wieder sehen.

Vierzehn Jahre nach meinem Unfall. Es dauerte einige Minuten, bis ich es wirklich glauben konnte. Ich konnte wieder sehen!

———

In ihrem Buch *Pilgrim at Tinker Creek* von 1973 gibt es ein Kapitel, das die amerikanische Essayistin Annie Dillard mit dem Titel »Seeing« überschrieben hat. Darin denkt sie über das Wunder nach, das das Sehen darstellt, das Wunder, dass man die Welt visuell wahrnehmen kann. In einer lyrischen Prosa und geradezu in einem Ton der Erweckung beschreibt sie die Flora und Fauna der Blue Ridge Mountains in Virginia, wo sie damals lebte, eine Landschaft im Wandel der Jahreszeiten. Dabei kommt sie immer wieder auf ein obskures Buch des amerikanischen Arztes Marius von Senden aus den 1930er-Jahren zurück, in dem dieser über die Fallgeschichten von Patienten berichtet, die nach Katarakt-Operationen wieder ihr Augenlicht erlangten. Die Patienten hatten durchgehend Schwierigkeiten damit, Entfernungen zu bestimmen und die Räumlichkeit von Gegenständen zu erfassen. Ihr neues Sehvermögen sorgte für eine Welt voll unerhörter Sinnlichkeit, doch zunächst war diese Sinnlichkeit kaum mit Bedeutung besetzt. Einige von ihnen sahen nur Felder aus Licht, in Bewegung geratene Formen und Farben. Eine Patientin soll sogar zwei Wochen lang die Augen geschlossen gehalten haben, weil sie mit dieser neuen Erfahrung nicht umgehen konnte. Als sie danach wieder ihre Augen öffnete, konnte sie die visuellen Informationen um sie herum immer noch nicht verarbeiten, aber alles, worauf sie ihren Blick richtete, forderte sie zu dem Ausruf heraus: »Oh, wie schön das aussieht!«[13]

Ich musste in dieser Zeit häufiger an solche Fallgeschichten denken. Ich lebte in einer Art Wunder, ein Wunder zwar, das mein Gehirn noch nicht richtig verarbeiten konnte, aber dennoch ein Wunder. Die Verzerrung meines Sichtfeldes begann sich ungefähr eine Woche nach der Transplantation wieder zu normalisieren. Meine Sehkraft pendelte sich auf dreißig bis vierzig Prozent ein – was für die meisten Menschen sehr schlecht wäre, mir aber eine neue Welt eröffnete.

Die Operation hatte direkt vor der Art Basel und der Liste stattgefunden, auf der ich wieder mit einem Stand vertreten war. Ich wurde pünktlich entlassen und machte mich in Freiburg auf meine erste Reise als Wieder-Sehender. Auf einmal war ich unabhängig und konnte mich frei bewegen. Vorher war bei mir ganz viel im Kopf abgelaufen, ich hatte Dinge erfassen können, aber vieles auch nur erahnen können. Jetzt war ich Millionen von visuellen Eindrücken ausgesetzt, die die ganze Zeit auf mich einprasselten und denen ich mich nicht entziehen konnte. So wie sich Menschen in Großraumbüros Kopfhörer aufsetzen, um nicht die ganze Zeit abgelenkt zu werden, musste ich gewissermaßen erst wieder lernen, Scheuklappen aufzusetzen, um nicht

13 Vgl. Annie Dillard: *Pilgrim at Tinker Creek*, Norwich, Neuausgabe 2011.

permanent nach links und rechts zu schauen und überall hängen zu bleiben.

Ich machte mich beispielsweise in Basel auf dem Weg zur Straßenbahnhaltestelle am Hauptbahnhof und wusste, dass ich mit der Tram 2 zum Messeplatz fahren konnte, wie ich es schon einige Jahre lang getan hatte. Doch dann stand ich an der Haltestelle und schaute auf die Anzeigetafel, und da waren plötzlich zwölf Tramlinien ausgeschildert. Sofort begann ich, mich zu fragen, wohin eigentlich die anderen Bahnen fahren. Ich habe jeden Schriftzug gelesen, an dem ich vorbeigekommen bin, jeden Reklametext, jedes Nummernschild, jede noch so kleine Telefonnummer. Ich konnte nicht mehr aufhören. Nicht mehr aufhören zu sehen.

Jahrelang hatte ich Menschen nicht nach ihrem Äußeren beurteilt. Hatte nicht darauf achten können, ob sie graue Haare haben oder rote Fingernägel, ob sie einen Designeranzug tragen oder Jogginghose. Wie auch. Nun merkte ich, wie schnell man damit anfängt, oberflächlich zu werden. Selbst wenn man es nicht will.

Auch über die Art Basel zu laufen wurde zu einer extremen Erfahrung. Visuell überforderte mich die Messe regelrecht. Die Stände waren zu vollgehängt, es gab zu viele Leute, zu viele Werke, zu viele Eindrücke. Gleichzeitig konnte ich von all dem nicht genug bekommen. Auf einmal verfügte ich über eine schier unerschöpfliche Energie.

Bis dato hatte ich geglaubt, dass es sich bei der Art Basel um den Olymp der Kunstmessen handelte. Doch nun musste ich feststellen, dass hier natürlich auch nur mit Wasser gekocht wurde, dass hier, wie bei anderen Messen auch, viel Kunst hing, die ich für schlecht hielt. Zugleich fiel mir auf, wie viel visuell verführerische Kunst es hier gab, auch wenn in ihr nicht immer viel Inhalt stecken musste. Ich verstand, dass das Visuelle in der Kunst auch auf einer Ebene des Unbewussten operiert, der man sich nur schwer entziehen kann. Ich verstand, dass ich noch so viel über Kunst lernen konnte. Es gab noch so viel, was ich nicht kannte.

Auch wenn mich die Kunst auf der Messe nicht unbedingt in Höhenflüge versetzte, etwas anderes tat es: der Augenkontakt zu anderen Menschen, der mir mit meinem Unfall verloren gegangen war, dieses gegenseitige Sich-Erkennen, zu sehen, wie andere Leute auf einen reagieren, zu sehen, dass man angeschaut wird. Dieses Aktivwerden der Spiegelneuronen, diese kleinen Explosionen im Gehirn. Ich hatte völlig vergessen, wie das war, auch auf diese Weise Teil der Welt zu sein. Ich konnte es nicht fassen. Was für ein Geschenk.

———

Diese neue Situation würde auch meine Galeriearbeit verändern, das begann ich zu ahnen, die große Frage allerdings war: wie? Könnte es etwa passieren, dass ich die Arbeiten der von mir vertretenen Künstler plötzlich nicht mehr mögen würde? Ich wusste, dass das rein Visuelle bei der von mir ausgestellten Kunst bisher eine weniger wichtige Rolle spielte, trotzdem blieb es eine essenzielle Eigenschaft, deren Bedeutung auch bei allen konzeptuellen und intellektuellen Stärken nicht zu unterschätzen war. Die italienisch-französische Konzeptkünstlerin und Bildhauerin Tatiana Trouvé, die für ihre ortspezifischen Skulpturen und Räume voller Poesie bekannt ist und mit der ich seit 2006 zusammenarbeite, brachte meine Befürchtungen auf den Punkt. Jetzt, wo ich wieder sehen könne, witzelte sie, werde ich feststellen, was für einen Mist sie mir in die Galerie gebracht habe.

In den Wochen und Monaten nach meiner Operation stellte ich erleichtert fest, dass ich noch genauso gut hinter den von mir vertretenen Künstlern stehen konnte wie zuvor. Im Gegenteil, wenn überhaupt war ich mir ihrer und meiner Arbeit nur noch sicherer geworden. Ich hatte mich in den vorangegangenen Jahren stark auf meine Intuition verlassen müssen. Trotz allen Engagements, trotz aller Planung und intellektuellen Durchdringung hatte ich mich manchmal wie ein Aufschneider gefühlt, wie der Protagonist aus Thomas Manns Roman *Bekenntnisse des Hochstaplers Felix Krull,* den ich als Hörbuch verschlungen hatte. Ein Teil von mir hatte immer geglaubt, dass meine Erfolge als Galerist eher dem Zufall oder dem Glück oder auch meinem familiären Hintergrund zu verdanken gewesen waren und es nicht mehr lange dauern konnte, bis man mich entlarvte. Nun fühlte ich mich nicht mehr so, oder zumindest wurde mein Hochstapler-Syndrom, auch wenn es wahrscheinlich nie ganz verschwinden wird, zusehends schwächer.

Diese wachsende Selbstsicherheit schlug sich in meinem Galerieprogramm nieder. Zum Beispiel nahm ich eine Künstlerin auf, deren Arbeit ich schon seit einigen Jahren verfolgte. Auf die Werke von Alicja Kwade war ich zum ersten Mal bei einem Rundgang an der Berliner Universität der Künste gestoßen. Damals gefielen sie mir so gut, dass ich einige kaufte. Allerdings hatte ich gezögert, mit Alicja eine Ausstellung zu entwickeln. Sie studierte noch und befand sich in der Findungsphase. Die Qualität des Werks eines Künstlers stellt sich erst nach einer gewissen Zeit heraus. Man muss sich mehrere Arbeiten anschauen und ihre Genese über Jahre hinweg verfolgen, um zu erkennen, ob er sein Thema gefunden hat.

Jetzt begann ich auch mit Künstlern zusammenzuarbeiten, in deren Werken das Visuelle stärker im Vordergrund steht. Zu einem wirklichen Urteil über Malerei zum Beispiel – es sei denn, sie stand vor allem im Dienst eines programmatischen Konzepts – war ich zuvor schlicht nicht in der Lage gewesen. Unter den neuen Künstlern waren die Zeichnerin Jorinde Voigt, die Malerin Corinne Wasmuht, der Filmemacher Jeremy Shaw, die Konzeptkünstlerin Monica Bonvicini und die Bildhauerin Helen Marten.

Auch Katharina Grosse gehörte dazu. Ich lernte Katharina bei einer Ausstellungseröffnung kennen und kam mit ihr ins Gespräch. Katharina ist unglaublich klug und hat eine spannende Sicht auf die Kunst. Mich beeindruckte das Gespräch so, dass ich sie fragte, ob ich sie mal im Atelier besuchen dürfe. Sie hatte damals keine Galerie in Deutschland, was erstaunlich war, denn sie ist so offensichtlich ein Ausnahmetalent. Sie fing schon früh an, mit der Farbsprühpistole riesige Bilder zu malen, die alle gängigen Formate sprengten und malerischen Landschaften glichen. Diese Art von Bildformaten war kunsthistorisch zuvor vorwiegend männlichen Malern vorbehalten gewesen, sie hatten als eine Machismo-Geste der Platzaneignung und Selbstbehauptung gedient. Katharina durchkreuzte diesen männlichen Malernarzissmus mit großer Selbstverständlichkeit und großer Lust. Je mehr Zeit ich mit ihren Bildern verbrachte, desto stärker spürte ich, wie sehr sie mich berührten. Dabei ging es gar nicht nur um das Sehen, das war vielmehr ein unbewusster, ein emotionaler Prozess. Man fühlt sich einfach wohl mit diesen Werken. Die Kraft von Malerei tritt in ihnen in so intensiver Form zutage, dass man sich ihnen nicht entziehen kann. Während meines Atelierbesuchs fragte ich sie spontan, ob sie nicht Lust hätte, mit mir zu arbeiten. Und zum Glück willigte sie sofort ein.

Die erste Ausstellung, die Katharina im Frühjahr 2012 für uns entwickelte, trug den Titel *They had taken things along to eat together*. Auf dem Galerieboden lag ein runder Teppich, auf dem sich riesige Styroporschollen türmten und eine gletscherartige Skulptur bildeten. Davor stand ein 1950er-Jahre-Sofa der amerikanischen Möbeldesignerin Florence Knoll, einer der ersten Frauen, die überhaupt in diesem Bereich gearbeitet hatte und von der einige ikonische Möbelstücke stammen. Dieses Sofa hatte ich einige Jahre zuvor für die Galerie gekauft. Katharina tauchte den Ausstellungsraum, einschließlich der versammelten Objekte, in ein Meer aus Sprühfarbe – ineinander übergehende, dynamische Flächen aus Blau, Grün, Gelb, Purpur, Orange und

Rot. Darüber hinaus hingen drei großformatige Leinwand-arbeiten an den Wänden, die teilweise in diese Farblandschaft integriert waren. Malerei ist ein so altes Medium. Man muss sich viel ansehen, und man muss sehr viel malen, um da weiterzu-kommen. Und genau das tut Katharina. Es gelang ihr, auf eine so grundsätzliche Art und Weise Fragen wie »Was ist ein Bild?« oder »Was ist Malerei?« zu stellen, wie man es im Jahr 2012 kaum noch für möglich gehalten hatte.

Katharinas Ausstellung hatte etwas Rauschartiges. Über-haupt: Wenn ich ein Wort finden müsste, mit dem sich jene Jahre nach meiner letzten Hornhauttransplantation überschrei-ben ließen, dann das Wort Rausch. Alles schien mir damals wie im Rausch zu geschehen. Ich überließ mich dem Rausch des Se-hens, dem Rausch der Kunst, dem Rausch meines neuen Lebens. Ich wollte alles erfahren und erleben. Plötzlich konnte ich so einfache Dinge tun wie Fahrradfahren oder Joggen. Ich ging mehr feiern als früher, nicht zuletzt, weil ich Menschen wieder in die Augen schauen und mit Frauen flirten konnte, und schlug mir die Nächte und die Wochenenden in den Berliner Clubs um die Ohren, in der Bar 25, im Broken Hearts Club, im Berghain. Berlin war zwar erst auf dem Weg, die Kunsthauptstadt zu wer-den, die sie heute ist, aber eine Partyhauptstadt war sie schon. Ich stürzte mich in das Nachtleben, als gäbe es kein Morgen mehr, und wurde von einem Gefühl der Freiheit erfasst, wie man es zu diesem Zeitpunkt vielleicht nur hier haben konnte.

Mit Mitte zwanzig steckt man solche Nächte und Wochenen-den noch leichter weg. Erst später stieß ich, was das Ausgehen betraf, auf Probleme. Ich erlebte das alles natürlich auch so intensiv, weil ich so viel nachzuholen hatte: Meine Jahre als stark sehbehinderter Teenager, meine Jahre als junger Unternehmer und junger Vater hatten mir solche Erfahrungen unmöglich gemacht. Außerdem hatte ich immer den Gedanken im Hinterkopf, dass es zu jedem Zeitpunkt wieder zu einer Verschlechterung des Sehens kommen kann. Niemand konnte wissen, wie lange das neue Hornhauttransplantat halten würde. Ich hatte den Eindruck, dass jetzt meine Zeit gekommen war. Jetzt oder nie.

Auch Berlins Kunstszene befand sich in jenen Jahren in einer kollektiven Ekstase. Unter Künstlern wurde die Stadt, nicht zuletzt aufgrund ihrer damals noch preiswerten Mieten, zum gefragtesten Wohn- und Arbeitsort der Welt. Was früher Paris, New York, London und Köln gewesen waren, schien nun die deutsche Hauptstadt zu werden, die sich in jenen Jahren unter dem heute etwas seltsam wirkendem Slogan »Arm, aber sexy« einen Namen machte. Man konnte die Aufregung, die damals in der Luft lag, die permanente Partystimmung fast schon körperlich spüren. Überall, wohin man ging, traf man plötzlich die interessantesten Leute, und ein großer Teil der internationalen Kunstwelt machte hier nun immer öfter und immer länger halt. Die Zahl der Galerien der Stadt wuchs auf über vierhundert an, und ihre Ausstellungen wurden jährlich von über einer Million Besucher gesehen. Wer von den großen Kölner Galerien noch nicht nach Berlin gezogen war, tat es jetzt.

Währenddessen expandierte meine Galerie, und die jahrelange, intensive Arbeit begann, sich endlich wirklich auszuzahlen. Der Galeriebetrieb, von dem ich anfangs noch dachte, er wäre eigentlich viel zu klein für unsere neuen Räumlichkeiten in der Dessauer Straße, füllte diese nun aus. Ich stellte jährlich neue Mitarbeiter ein, die sich unter anderem um Verkäufe, Künstlerbetreuung und Öffentlichkeitsarbeit kümmerten. Immer mehr Sammler wurden auf uns aufmerksam, und immer mehr der von uns vertretenen Künstler waren in wichtigen Museumsschauen und Biennalen präsent. Wir nahmen an allen wichtigen Kunstmessen der Welt teil und konnten dort häufig beachtliche Umsätze erzielen. Selbst die Bankenkrise von 2008, die auch den Kunstmarkt ins Wanken brachte, überstanden wir ohne größere Schäden. 2009 wurde ich zum ersten Mal in die Liste der hundert einflussreichsten Persönlichkeiten in der Welt der zeitgenössischen Kunst aufgenommen, die die Redaktion der britischen Kunstzeitschrift *Art Review* einmal pro Jahr zusammenstellt. Eine in vieler Hinsicht höchst fragwürdige Liste, doch die Aufnahme konnte als Indiz dafür gelten, dass wir langsam in eine neue Liga des Kunstmarkts vorstießen und uns dort tatsächlich auch behaupten konnten.

————

Im November 2010 hielt ich mich zur Vienna Art Week in Wien auf und sah nach einer Feier im Auktionshaus Dorotheum eine unheimlich hübsche Frau in Begleitung ihrer Freundin über den Stephansplatz laufen. Beide waren wahrscheinlich auch gerade im Dorotheum gewesen, sie schienen irgendwie zum Kunstbetrieb zu gehören. Ich nahm all meinen Mut zusammen, sprach sie an und schlug ihnen vor, mit in die Eden Bar zu kommen, ein skurriles Tanzlokal, in dem mein Freund, der Fotograf Juergen Teller, nach einer Ausstellungseröffnung feierte. Lena, jene elfenhafte Erscheinung, zögerte erst, aber letztlich gelang es ihrer Freundin, sie vom Mitkommen zu überzeugen. Obwohl wir in der Eden Bar alle wild tanzten und feierten, war ich ihr gegenüber geradezu schüchtern. Ich wollte sie unbedingt wiedersehen, und am Ende des Abends erklärte ich ihr, dass ich Wien nicht verlassen würde, bis sie nicht einwillige, mit mir etwas essen zu gehen. Sie war die Sprecherin des Wiener Belvedere Museums und gab mir, immer noch zögerlich, ihre Visitenkarte. Am nächsten Tag rief ich ihre Assistentin mindestens drei Mal im Museum an und behauptete, wir seien zum Mittagessen verabredet. Lena fand das offenbar lustig und rief mich tatsächlich zurück. Als wir uns dann am Abend zum Essen trafen, merkte ich, dass ich schon total, so richtig total, in sie verknallt war. Zwei Monate später fragte ich sie, ob sie mich heiraten würde.

7

Lena nahm meinen Antrag tatsächlich an. Wenige Monate später heirateten wir, und sie zog nach Berlin. Wir sind bis heute zusammen. Unser Sohn Karli wurde im Jahr 2012 geboren, unsere Tochter Greti 2016. Zu Beginn unserer Beziehung wohnte ich in einer Wohnung in der Torstraße, die Lena immer als eine Junggesellennotunterkunft bezeichnete. Außerdem war sie winzig und sehr laut.

Also machten wir uns auf die Suche nach einer Immobilie für unsere Familie. Zugleich war es wichtig für die Galerie, sich noch einmal zu verändern und größer zu werden. Es ist die Essenz des Kapitalismus, dass er keinen Stillstand duldet. Und nirgends sieht man das so stark wie auf dem Kunstmarkt. In jenen Jahren begannen die größeren Galerien wiederholt zu expandieren und gründeten neue Dependancen. Viele kleinere und mittlere Galerien blieben dabei zunehmend auf der Strecke. Entweder machte man mit, oder man verspielte langfristig seine Existenz.

Zudem wurde es in Berlin viel schwieriger, auch nur eine bezahlbare Mietwohnung zu finden. Wenn wir länger warteten, dachte ich, könnte es völlig unmöglich werden, unser Vorhaben zu verwirklichen. Von vornherein hatte ich alternative Immobilien im Blick, Sonderimmobilien, die keiner wollte, aber Potenzial hatten und noch verhältnismäßig günstig zu erstehen waren. Wir haben uns einen Wasserturm im Friedrichshain angeschaut, eine leere U-Bahn-Station, ein leer stehendes Frauengefängnis in Lichterfelde und eine alte Betongarage in Charlottenburg. Aber keiner dieser Orte schien wirklich geeignet. Schließlich erzählte uns Arno Brandlhuber, ein befreundeter Architekt, dessen Arbeit wir sehr schätzen, von einem brutalistischen Kirchengebäude in der Alexandrinenstraße in Kreuzberg, das zum Verkauf stand. Er nannte die Kirche »brutiful«.

Ich hatte keine Ahnung, wovon Arno redete. Die Kirche befand sich in einer Art Bermudadreieck zwischen Berlinischer Galerie, Jüdischem Museum und dem Landwehrkanal. Obwohl ich mich für die Betonwelten des Brutalismus schon seit einiger Zeit begeisterte, hatte ich noch nie von ihr gehört. Selbst Lena, die in Berlin aufgewachsen ist und sich während ihres Kunstgeschichtsstudiums auf moderne Architektur spezialisiert hat, wusste nicht, was für eine Kirche das sein sollte.

St. Agnes war zwischen 1964 und 1967 vom Architekten und Stadtplaner Werner Düttmann errichtet worden, der Westberlin wie kaum ein anderer geprägt hat. Er hat das Brücke-Museum in Dahlem, die Akademie der Künste und das Bibliotheksgebäude im Hansa-Viertel entworfen und später als Senatsbaudirektor nicht nur den Mehringplatz, den Ernst-Reuter-Platz und zahlreiche Westberliner Wohnviertel geplant, sondern auch Mies van der Rohe nach Berlin geholt, um die Neue Nationalgalerie zu bauen. Alles herausragende Beispiele für die Architektur der Nachkriegsmoderne, die der kollektiven Nüchternheit jener Zeit einen kosmopolitischen Flair geben. Wie konnte es sein, dass wir diese Kirche nicht kannten?

Erst einmal ging ich mir St. Agnes allein anschauen. Die Lage der ehemaligen katholischen Kirche fand ich interessant und irritierend zugleich. Sie steht buchstäblich am geografischen Mittelpunkt Berlins, der durch eine Platte im Boden markiert ist. Wie ich später feststellen sollte, überquert man, wenn man hier wohnt, fast täglich den Markierungsstreifen der ehemaligen Berliner Mauer. Die Alexandrinenstraße war bis zur Wende geteilt, eine Hälfte lag im Westen, die andere im Osten. Man spürt regelrecht, dass man sich an der großen historischen Narbe der Stadt befindet. Dass hier noch weiter etwas zusammenwachsen muss und dass das auch noch lange dauern wird.

Der Hausmeister, ein schräger Typ, führte mich durch die Kirche und den ihr angeschlossenen Gebäudekomplex. Ich erfuhr, dass die Gegend hier, früher das sogenannte Zeitungsviertel, während des Zweiten Weltkriegs von den Bombern der Alliierten dem Erdboden gleichgemacht worden war. Sie hatten regelmäßig über dem nahegelegenen Mehringplatz kehrtgemacht, der wegen seiner markanten kreisrunden Form gut aus der Luft zu erkennen war, und einfach alle Munition abgeworfen, die sie noch an Bord hatten. Das Erdgeschoss des Kirchengebäudes besteht daher auch aus den Trümmerziegeln des zerstörten Viertels.

Bereits 2004 war St. Agnes profaniert worden, weil es immer weniger Gemeindemitglieder gab. Inzwischen vermietete das Erzbistum Berlin das Kirchengebäude an protestantische Freikirchen wie die City Kirche Berlin und die Cross Continental Believers. Das Kirchengelände wirkte ungepflegt. In einigen angegliederten Gemeinderäumen, die unter anderem als Wohnung für den Pfarrer gedient hatten, befand sich ein etwas fragwürdiges Gästehaus. Andere Räume dienten als Obdachlosenunterkunft.

Düttmann hat die Sakristei, die Kirche, den Glockenturm und die zwei flachen Gemeindehauskomplexe mit großer Offenheit um einen Innenhof gruppiert. Die Oberflächen der simplen, quaderförmigen Gebäude sind mit Spritzbeton verkleidet. Das Kirchenschiff, etwa 40 Meter lang und 20 Meter hoch, gibt seinen basilikaartigen Grundriss erst zu erkennen, wenn man es betritt. Über allem schwebt ein Betonkubus, in hell abgesetztem Grau, in dem sich die Kirchenglocke befand. Das gibt dem Ganzen eine gewisse Leichtigkeit und erinnert irgendwie an die japanische Architektur der Moderne. Es war klar, dass St. Agnes dringend saniert werden musste. Deshalb wollte das Erzbistum die Kirche auch verkaufen. Der Beton war an vielen Stellen feucht, Teile des schönen Stirnholzparketts, mit dem der Boden ausgelegt gewesen war, waren irgendwann durch billigere Materialien ersetzt worden. Alles war dem Verfall preisgegeben.

Ich merkte sofort, wie sehr ich diese Art von Architektur

mochte. Der Brutalismus der 1950er-, 1960er- und 1970er-Jahre hat nichts mit Brutalität zu tun. Der Begriff geht auf einen Einfall des britischen Architekturkritikers Reyner Banham zurück, der diese architektonische Strömung aufgrund des von ihr bevorzugten Materials so taufte, dem Sichtbeton, dem »béton brut«, wie ihn Le Corbusier, der Übervater der modernen Architektur, nannte. Das Interessante am Brutalismus ist: Er kennt nur das Gemeinwohl. Bei all seinen Bauwerken handelte es sich um Schulen, Kirchen, Universitäten, Museen, Krankenhäuser, Botschaften und die Zentralen staatlicher Unternehmen.

Sobald ich das Kirchenschiff betrat, wurde ich schließlich auch von der unbeschreiblichen Atmosphäre des Innenraums überwältigt. Das Tageslicht fiel durch eine senkrechte Lichtschneise in der Nähe des Altars und durch ins Dach gelassene Fensterbänder in die Halle. Ich hatte den Eindruck, dass Düttmann die Kirche fast wie einen Ausstellungsraum entworfen hatte, so ideal war sie, um Kunst zu zeigen. Eigentlich glich sie einer Kunsthalle. Das Licht war wirklich besonders. Düttmann hatte es irgendwie geschafft, dass man hier sofort verstand, warum Kirchen seit zweitausend Jahren große Kunst beherbergen.

Als ich Lena bei einem der nächsten freikirchlichen Gottesdienste, zu denen man St. Agnes immer besuchen konnte, mitnahm, war auch sie sofort begeistert. Mit Orten ist es oft so, dass man von einem unmittelbaren Gefühl eingenommen wird, wenn man sie betritt. Wenn uns jemand ein Foto des Gebäudes gezeigt hätte, hätten wir es nie als »schön« oder »ansprechend« bezeichnet. Aber der kontemplativen Atmosphäre des Kirchenraums konnten wir uns beide nicht entziehen. Man wird hier von etwas Meditativem umhüllt. Dieser schwere Betonklotz strahlt so eine unheimliche Ruhe aus. Er macht etwas Gutes mit einem und fühlt sich wie eine Schutzhülle an. Wir entschlossen uns, in Verhandlungen mit dem Erzbistum zu treten, um St. Agnes zu erwerben.

Natürlich gab es ein paar Momente, in denen wir kalte Füße bekamen. Denn erst einmal schienen wir die Einzigen zu sein, die die Kirche so toll fanden. Immer wieder brachten wir bei unseren Besuchen Leute mit, von denen wir dachten, dass sie verstehen würden, wie es uns ging. Doch fast alle fanden es ganz schrecklich hier. Ein älterer, enger Freund von uns sagte sogar, das sei ja wohl das hässlichste Gebäude der Stadt und früher sei man wegen so etwas auf die Straße gegangen. Zu den wenigen Menschen, die unsere Idee nachvollziehen konnten, gehörte Barbara, die neue Frau meines Vaters, die mit ihrer Galerie gerade in ein Fabrikgebäude in Kreuzberg gezogen war. Sie fand das Ganze spannend und hatte außerdem das Gefühl, dass in Berlins Kunst- und Galerienszene etwas passieren müsse, etwas richtig Neues und Anderes.

Die Verhandlungen mit dem Erzbistum dauerten neun Monate. Wir hatten also viel Zeit, uns mit unserer Idee auseinanderzusetzen. Wir haben uns die St.-Agnes-Unterlagen aus dem Archiv der Akademie der Künste ausgeliehen und die Artikel und Briefe gelesen, die Martina Düttmann, die Witwe des Architekten, geschrieben hatte. Wir haben Hans Düttmann, den Sohn, getroffen, uns mit ihm unterhalten und nicht zuletzt auch mit den Bewohnern des Viertels gesprochen. Die Kirche war immer das Zentrum dieser Siedlung gewesen, das Gemeindezentrum. Jahrzehntelang hatte man hier die Kinder in den angeschlossenen Kindergarten gebracht, im Gemeindehaus gefeiert, im Café der Kirche gesessen und war in Gottesdienste gegangen. Viele Leute haben uns erzählt, dass sie hier geheiratet oder ihre Kinder getauft haben oder dass hier das Requiem bei der Beerdigung der Mutter gespielt wurde.

Je mehr wir uns mit all dem beschäftigten, desto sicherer wurden wir uns. Als es dann hieß, es sei noch ein anderer Interessent im Rennen, wussten wir, jetzt erst recht. Zweimal gibt es so etwas nicht. Schließlich erwarben wir den Gebäudekomplex im Sinne des Erbbaurechts für 99 Jahre – es war der waghalsigste Kaufvertrag, den ich je in meinem Leben unterschrieben habe.

———

Der Umbau von St. Agnes stellte sich als extrem kompliziert heraus, da das Gebäude unter Denkmalschutz steht und nur minimale Änderungen vorgenommen werden durften. Wir beauftragten Arno Brandlhuber mit der Planung. Arno war genial. Da man nicht einfach eine Zwischendecke einziehen konnte, kam er auf die Idee, das Kirchenschiff horizontal mit einem riesigen, auf Säulen stehenden »Tisch« zu teilen. Die Wände des Gebäudes wurden so nicht beeinträchtigt, und es entstanden zwei Räume: ein gigantischer, 15 Meter hoher Ausstellungsbereich im Obergeschoss und ein fünf Meter hohes Erdgeschoss mit Arbeitsplätzen, Empfangstresen und weiteren Ausstellungsflächen.

Normalerweise macht man zuerst eine Bauvoranfrage und stellt beim Unteren Denkmalschutzamt seine Pläne vor. Aber Arno veröffentlichte seine Pläne vorab in einem Sonderheft über Kirchen in der Zeitschrift *Bauwelt*. Am Tag des Erscheinens bestellte uns das Obere Denkmalschutzamt ein, um mit uns über den Umbau zu sprechen. Nach langen, kontroversen Diskussionen auf höchster Ebene kamen wir schließlich mit unserem Anliegen durch.

Letztlich dauerten Umbau und Restaurierung sehr viel länger als erwartet – drei Jahre anstatt des anvisierten einen Jahres – und kosteten auch sehr viel mehr – fünf Millionen anstatt der eingeplanten zwei Millionen. Wir hatten uns da mit großer Naivität fast schon kamikazemäßig hineingestürzt, ohne eine wirkliche Ahnung davon zu haben, was wir da eigentlich machten. Bauen ist einfach der Horror.

Gleichzeitig musste ich natürlich noch die Galerie führen und mehr Kunst verkaufen als jemals zuvor, um das Ganze zu finanzieren. Ich stopfte unentwegt Löcher. Auch von Werken aus meiner privaten Sammlung musste ich mich trennen – große Opfer, die ich in schwachen Momenten immer noch bereue. Zum Beispiel musste ich das Datumsbild von On Kawara verkaufen, das er mir geschenkt hatte, als ich Kind war. Zeitweise war es wirklich sehr knapp. Irgendwann hatte ich überhaupt kein Geld mehr, mein ganzes Erspartes aufgebraucht und auch keinen Dispo mehr zur Verfügung. Ich fühlte mich wieder so wie in der Anfangszeit meiner Galerie, als jeder Tag einem Vabanquespiel glich. Zeitweise sah es sogar so aus, als müsste ich Konkurs anmelden.

Auch für unsere Beziehung war das ein echter Härtetest. Ich wundere mich heute noch, wie Lena und ich das überstanden haben. Sie stand von Anfang an die ganze Zeit mit auf der Baustelle, meistens trug sie den damals noch ganz kleinen Karli im Tragetuch mit herum. Fast alle inhaltlichen Entscheidungen trafen wir zusammen. Für einige Aspekte war sie auch allein verantwortlich. So plante sie etwa zusammen mit der Königlichen Gartenakademie Berlin die Bepflanzung des Skulpturengartens, der der Galerie angeschlossen werden sollte. Sie nahm sich unserer Wohnräume in einem der Seitengebäude an. Und vor allem war es auch sie, die darauf pochte, gute Mieter für die zu vermietenden Räumlichkeiten von St. Agnes zu suchen. Ich war bereit, an jeden zu vermieten, weil ich so unter Druck war, ich hätte mit jeder Dönerbude einen Zwanzig-Jahres-Vertrag abgeschlossen. Aber Lena sorgte dafür, dass die New York University einen Seitenflügel als Atelierraum für ihre Kunststudenten nutzt. In weiteren Räumen mieteten sich die Modezeitschrift *032c* ein und das Berliner Architekturbüro Robert Neun.

Lena und ich überlegten uns auch, dass wir die Öffentlichkeit schon am Umbauprozess teilhaben lassen sollten. Wir beschlossen etwa, Werner Düttmann wie einen unserer Künstler zu bewerben. Als Architekt war er trotz seines Einflusses ein wenig in Vergessenheit geraten. Wir gaben Texte über ihn in Auftrag und machten uns dafür stark, dass er und unsere Kirche in der Brutalismus-Ausstellung des niederländischen Stararchitekten Rem Koolhaas und seines Architekturbüros OMA aufgenommen wurden. Die Ausstellung, die den Titel *Public Works – Architecture by Civil Servants* trug, war während der Architekturbiennale 2012 in Venedig zu sehen. Im Frühjahr darauf holten wir sie nach Berlin und stellten sie im noch unrenovierten Kirchenschiff aus. Es war die erste Ausstellung, die hier stattfand. Das Bauwerk St. Agues bzw. St. Agnes war ein Exponat in der Ausstellung und zugleich ihr Präsentationsraum, ihre Hülle.

———

Die Einzigartigkeit von St. Agnes sorgte dafür, dass wir nicht nur im Kunstbetrieb und auf dem Kunstmarkt stärker wahrgenommen wurden, sondern auch in anderen Bereichen, etwa im Bereich der Architektur oder der Welt der Mode. In den vorangegangenen Jahren hatte eine Entwicklung stattgefunden, in der die Idee von Luxus neu definiert worden war. Der Fetisch schöner und teurer Dinge wurde dabei zunehmend um Ideen einzigartiger Erfahrungen und kreativer Exklusivität ergänzt. Mode und Kunst hatten sich schon in Zeiten der Avantgarde immer wieder wechselseitig inspiriert. Der Modedesigner Christian Dior etwa war eigentlich Kunsthändler gewesen, Salvador Dalí und die Modedesignerin Elsa Schiaparelli, die Erfinderin des Overalls, hatten schon in den 1930er-Jahren zusammengearbeitet und exzentrische Kleider kreiert, und Annie Albers und Sonia Delaunay, die großen Textilkünstlerinnen der

Moderne, hatten die Grenzen zwischen Kunst und Mode von Anfang an verwischt. Neuerdings suchte die Modewelt verstärkt die Nähe zur Welt der Kunst. Das merkte man nicht nur daran, dass fast alle wichtigen Modedesigner begeistert Kunst sammeln und ihren Sammlungen sogar mit großen Museumsbauten wie der Fondazione Prada in Mailand und Venedig oder der Fondation Louis Vuitton in Paris ein Denkmal setzten. Inzwischen entwarfen Takashi Murakami und Jeff Koons auch Taschen für Louis Vuitton. Auch die Arbeit von Fotografen wie Wolfgang Tillmans oder Juergen Teller sorgte dafür, dass sich wieder größere Schnittmengen zwischen den Bereichen ergaben. Und die Arbeit von Designern wie Martin Margiela, Rei Kawakubo oder Demna Gvasalia könnte in mancher Hinsicht sowieso als Kunst gelten. Der Wunsch der Modeunternehmen nach größerer Sichtbarkeit in der Kunstwelt ist so stark geworden, dass sie immer mehr Auftritte zu wichtigen Kunstterminen machen.

Als wir vom japanischen Modedesigner Yohji Yamamato die Anfrage erhielten, ob wir ihm St. Agnes zum Gallery Weekend 2013 für eine Modenschau überlassen würden, um sein vierzig Jahre umspannendes Werk zu präsentieren, sagten wir sofort zu. Ich hatte das Gefühl, dass unser Raum von einer solchen Kooperation nur profitieren könne. Und in der Tat war die Yamamoto-Retrospektive das Beste, was uns passieren konnte. Eine Veranstaltung, die uns globale Aufmerksamkeit bescherte. Wir verdienten an der Vermietung der Räumlichkeiten und konnten dazu noch herausragende Inhalte präsentieren. Zudem passte es perfekt zu unserem Plan, aus St. Agnes einen interdisziplinären Ort zu machen. Der Umbau war noch lange nicht abgeschlossen, es regnete an einigen Stellen noch herein, und der Beton war an anderen noch nicht getrocknet, doch es zeichnete sich ab, welches Potenzial St. Agnes hatte.

Am Tag darauf zeigten wir Alicja Kwades neue Arbeit *Nach Osten*, die unser Team unter Aufbietung übermenschlicher Kräfte noch in der Nacht nach der Modenschau installierte. Die Licht- und Soundinstallation beruht auf der Idee des foucaultschen Pendels, mit dem der französische Physiker Léon Foucault Mitte des 19. Jahrhunderts in der Pariser Sternwarte die Kraft der Erdrotation nachgewiesen hatte. Im abgedunkelten Kirchenschiff bewegte sich das 20 Meter lange Pendel – die Zwischendecke war noch nicht eingezogen worden – von Seite zu Seite. Dabei wurde das Geräusch des schwingenden Pendels, an dessen Ende eine Glühbirne angebracht war, über Lautsprecher verstärkt. Das Ganze machte nicht nur die skurrilen wissenschaftlichen Forschungsmethoden des 19. Jahrhunderts erfahrbar, sondern tauchte St. Agnes in eine unheimliche Atmosphäre. Je länger man sich im Gebäude aufhielt, desto stärker wurde das Gefühl, dass es sich um einen herum drehte. Für manche Zuschauer eine geradezu spirituelle Erfahrung.

Es dauerte noch zwei Jahre, bis wir endlich den regulären Galeriebetrieb in St. Agnes aufnehmen konnten. Damit ging auch eine Namensänderung einher. Von nun an hießen wir schlicht KÖNIG GALERIE. Ich wollte die Galerie als solche samt Team stärken. Im Frühjahr 2015 war es endlich so weit, und Lena und ich eröffneten unser neues Haus mit Katharina Grosses fantastischer Ausstellung *The Smoking Kid* – ein Vorgeschmack auf die begehbare Bildwelt-Installation, die sie einen Monat später bei der vom kürzlich verstorbenen Okwui Enwezor kuratierten 56. Venedig Biennale zeigen sollte.

Der Charakter von St. Agnes glich von Anfang an viel eher dem eines modernen Ausstellungshauses als dem einer regulären Galerie. Bei unseren Ausstellungen geht es primär nicht darum, die gezeigte Kunst zu verkaufen. Verkauf muss sowieso sein, die ganze Zeit und immer. In St. Agnes soll man vor allem die Kunst erleben, in der Regel ist das Erlebnis so stark, dass die, die es sich leisten können, auch etwas kaufen.

Pale Fox etwa, unsere erste Schau mit der französischen Installationskünstlerin Camille Henrot, eine anthropologische Erkundung unseres Alltags, war so eine Ausstellung. Wir konnten jeden der Filme aus Jeremy Shaws hochgelobter *Quantification*-Trilogie zeigen, in denen er sich mit kathartischen Praktiken der Bewusstseinsveränderung und Ekstase in der Sub- und Populärkultur der jüngeren Vergangenheit befasste.

Ein Jahr, nachdem Julian Rosefeldt mit seiner Filminstallation *Manifesto* – in der die Hollywoodschauspielerin Cate Blanchett in 13 verschiedenen Rollen auftrat und historische Künstlermanifeste rezitierte – unvorhergesehene Zuschauermengen in das Museum Hamburger Bahnhof in Berlin gelockt hatte, konnte man bei uns seinen neuen Film *In the Land of Drought* sehen. Darin untersucht eine Mannschaft von Wissenschaftlern der Zukunft zu den überweltlichen Klängen von Joseph Haydns

Oratorium »Die Schöpfung« unsere untergangene Zivilisation des Anthropozäns, um herauszufinden, warum wir uns selbst zerstört haben.

In St. Agnes war für uns als Galerie ein völlig anderes Arbeiten möglich. Wir veranstalteten Lesungen mit Autoren wie Helene Hegemann oder Édouard Louis, Konzerte mit Igor Levit und Malakoff Kowalski und politische Gesprächsreihen.

Wir gründeten die Zeitschrift *KÖNIG*, die halbjährlich Schlaglichter auf die Arbeit der von uns vertretenen Künstler wirft. Hinzu kam *KÖNIG SOUVENIR* mit von unseren Künstlern entworfenen Alltagsgegenständen, Objekten und Kleidungsstücken, die man für vergleichsweise wenig Geld kaufen kann. Von Monica Bonvicinis Basecaps, auf denen das Wort »Guilt« in Großbuchstaben steht – eine Antwort auf Donald Trumps MAGA-Mützen –, bis hin zu unseren populären EUnify Hoodies, mit denen wir gegen den Brexit demonstrieren. Von Badetüchern, die von Annette Kelm oder Norbert Bisky entworfen wurden, Leggins von Claudia Comte, T-Shirts von Isa Genzken, Anselm Reyle und Andreas Mühe bis hin zu einer von Erwin Wurm gestalteten grünen Seife in Gurkenform.

Wir öffneten unsere Räume von Anfang an auch während der Sommermonate und an Sonntagen, also zu Zeiten, zu denen Galerien traditionell geschlossen haben. Ich selbst gebe Führungen auf Instagram, in denen ich durch unsere Ausstellungen gehe und sage, was mir zu den Werken einfällt.

Schließlich entschlossen wir uns trotz des drohenden Brexits im Herbst 2017 dazu, eine Dependance der KÖNIG GALERIE in London zu eröffnen, in einer alten Tiefgarage im Stadtteil Marylebone, in der Nähe der Edgware Road. In London herrscht eine Multikulturalität, die man in Berlin so nicht kennt. Viele asiatische, russische und arabische Sammler reisen häufiger nach London als nach Berlin, aus kultureller und historischer Verbundenheit und der geschäftlichen Beziehungen wegen. Natürlich muss man erst ein paar Jahre warten und erst recht die Auswirkungen des Brexits abschätzen können, um zu sehen, ob dieses Vorhaben langfristig funktioniert.

―――――

In den vergangenen Jahren sind wir eine große, eine internationale Galerie geworden. Doch am Ende des Tages verstehen wir uns als eine deutsche Galerie in Europa und wollen, dass sich dieses Verständnis auch in unserem Programm niederschlägt. Ein Schwerpunkt unserer Arbeit wird es immer sein, junge Künstler zu entdecken und aufzubauen. Wir haben aber auch deutsche Maler und Fotografen wie Andreas Mühe, Norbert Bisky, Anselm Reyle oder Karl Horst Hödicke in unser Programm aufgenommen, die in der Mitte ihrer Karrieren stehen und deren Werk wir als Galerie in ein neues Licht stellen oder deren kunsthistorische Bedeutung wir unterstreichen wollen.

Norbert zum Beispiel, einer der bekanntesten deutschen Maler seiner Generation, der sich seit Ende der 1990er-Jahre an seinem Schwulsein und an den Obsessionen und dem Bilderbe des DDR-Staats abarbeitet, in dem er aufgewachsen ist, harrte meiner Ansicht nach einer Wiederentdeckung – eine Wiederent-deckung, bei der ich das Gefühl hatte, etwas beitragen zu kön-nen. Ich hatte seine Malerei schon immer sehr geschätzt, selbst als ich noch zwischen Frankfurt und Marburg pendelte und nur sehr wenig sehen konnte. Norbert malte etwas, das man damals eigentlich nicht malen durfte: knackige, blonde Jungs, Bilder, deren Ästhetik irgendwo zwischen Arbeiterkultur und Aber-crombie & Fitch schwebte und die das faschistische Erbe in den Bildfantasien der DDR offenlegten. Nur mit wenigen Farben erschuf er diese Wahnsinnswerke. Meine Zuneigung behielt ich damals für mich. Ich habe niemandem gesagt, wie gut mir diese Bilder gefielen. 15 Jahre später war ich endlich unabhängig und selbstbewusst genug, um einfach das zu machen, was mir richtig erschien.

Die Entscheidung, Norbert zu vertreten, hatte auch damit zu tun, dass ich ihn besser kennenlernte. Er ist eine der bestinfor-mierten, klügsten und differenziertesten Personen, die ich kenne. Mit der Zeit gewann ich auch eine genaue Vorstellung davon, welche neuen Impulse ich der Rezeption seines Werks geben konnte. Gerade der deutsche Kunstbetrieb neigt dazu, sich eine Meinung zu bilden, ohne sich überhaupt mit dem Werk zu befassen. Man musste schlicht sein Image korrigieren, damit sich noch mehr Leute unvoreingenommen mit seiner Arbeit auseinandersetzen konnten. Im Herbst 2016 bereiteten wir un-sere erste Ausstellung mit ihm vor, die wir zur Berliner Art Week präsentierten. Die groß- und kleinformatigen Gemälde und Aquarelle sind von Norberts langen Auslandsaufenthalten beeinflusst und schreiben auch eine politische Chronik unserer Zeit – vom neuen Rassismus in Amerika über territoriale Konfliktsituationen in Israel bis hin zum bürgerkriegsähnlichen Zustand, in dem Brasilien sich damals befand. Während der Vorbereitungen gelang es uns, eines seiner Bilder an das Berghain zu verkaufen, einen der berühmtesten Techno-Clubs der Welt. Es sollte in dessen Eingangshalle hängen. Wir »eröffneten« das mehrteilige Bild mit einer großen Party, bei der sich von uns geladene Sammler mit den Gästen des Berghains mischten. Alle waren begeistert. Es mag absurd sein, aber manchmal sind es solche Entwicklungen, die der Karriere eines Künstlers eine neue Richtung geben können.

———

Lena und ich leben zusammen mit unseren Kindern Greti und Karli in St. Agnes. Rita und Franz kommen an den Wochenenden zu uns. Es gibt kaum eine Trennung zwischen dem beruflichen und privaten Leben. Letztlich beschäftigen wir uns die ganze Zeit mit Kunst. Auch unsere Freunde stammen fast alle aus dem Kunstbereich. Wenn wir verreisen, hat auch das in der Regel mit Kunst zu tun. So zu leben ist eine bewusste Entscheidung von Lena und mir. Unsere Kinder wachsen also fast genauso auf, wie ich es getan habe. Wenn Jeppe, Alicja oder Norbert mit uns auf der Terrasse sitzen, muss ich manchmal an die Kölner Abende mit On Kawara, Isa Genzken oder Dan Graham denken. Wenn der Kurator Hans Ulrich Obrist zu Besuch ist und mit den Kindern herumalbert, erinnere ich mich daran, wie viel Zeit er schon mit Kasper und Edda verbracht und wie er mit mir herumgealbert hat, als ich klein war. Wer weiß, wie die Kinder einmal über all das denken werden, wenn sie groß sind. Ob sie später einmal wie wir im Kunstbereich arbeiten werden, ist uns vollkommen egal, Hauptsache, sie gehen ihren eigenen Weg.

———

Wenn ich sage, dass man gerade als Mensch mit einer Einschränkung Risiken eingehen sollte, dass man den Mut aufbringen sollte, auch den Weg einzuschlagen, der einem von der Gesellschaft vielleicht als nicht gangbar präsentiert wird, so bedeutet das nicht, dass ein solcher Weg in jedem Fall zum Erfolg führt. Im Gegenteil, man wird auch scheitern. Jeder Erfolgsgeschichte, die ich hier aufgeführt habe, könnte ich Geschichten von erfolglosen Messeauftritten, finanziellen Engpässen, privaten Enttäuschungen und persönlichen Abstürzen gegenüberstellen. Ich könnte von einem Künstler erzählen, der mal ein enger Freund war, dann der Galerie den Rücken kehrte und zu einer der amerikanischen Mega-Galerien abwanderte, die den Großteil des Kunstmarkts beherrschen, oder von Sammlern, die sich gegen unsere Galerie entschieden haben.

Als ich im Frühjahr 2002 heulend in meiner neu gegründeten Galerie am Rosa-Luxemburg-Platz saß, hätte ich es mir nie träumen lassen, mal eine Galerie zu betreiben, in der ich Ausstellungen in musealem Format zeigen würde. Ich hätte mir nie träumen lassen, dass St. Agnes Tausende Menschen aus aller Welt anlockt. Hätte mir nie träumen lassen, dass ich in London oder New York Leuten begegne, die sich eigentlich überhaupt nicht mit Kunst auskennen, aber erzählen, sie seien schon einmal in dieser Berliner Kunstkirche gewesen, in der man sich umsonst Ausstellungen angucken kann. Und ich hätte es mir nie träumen lassen, dass ich mit einigen der tollsten und bedeutendsten Künstler meiner Generation zusammenarbeiten würde. Doch manchmal werden eben selbst solche Träume wahr.

8

8

Vor wenigen Tagen hat Natascha Sadr Haghighian ihre Ausstellung im deutschen Pavillon bei der Venedig Biennale eröffnet, wahrscheinlich die größte Ehre, die einer Künstlerin hier-
zulande zuteil werden kann. Für die Pressekonferenz im
Vorfeld der Biennale versteckte sie ihren Kopf unter einer Stein-
attrappe. Statt selbst etwas zu sagen, hatte sie eine Schauspielerin
engagiert, die unter dem Namen Helene Duldung als ihre Sprecherin agierte. An sich schon eine grandiose Performance. Auch
diese Pressekonferenz gehört zum Kunstwerk.

Später veröffentlichte Natascha drei Videos, die in der Nähe
eines bayerischen Ankerzentrums und eines Tomatenfelds in
Apulien spielen, wo Geflüchtete unter erschreckenden Bedin-
gungen arbeiten. Der dritte Film zeigt die Situation vor dem
Rettungsschiff »Iuventa«, das seit August 2017 beschlagnahmt
im Zollhafen von Trappani liegt und nicht in See stechen darf.
Außerdem hat sie sich einen neuen, schön deutsch klingenden
Namen zugelegt: Natascha Süder Happelmann. Für den deut-

schen Pavillon hat sie sich jetzt also ordentlich integriert. Ich kenne niemand anderen, der einem mit so viel Nonchalance und ohne jede Art von gehobenem Zeigefinger den Spiegel vorhält.

Als Natascha mir vor einigen Monaten erzählte, dass sie den deutschen Pavillon gestalte, fragte ich sie: »Du allein?« Sie antwortete: »Na ja, grundsätzlich macht niemand etwas allein.« Dieser Satz ist mir noch lange nachgegangen. Alles, was man auf die Beine stellt, ist das Ergebnis einer gemeinsamen Anstrengung. Ohne meine Künstler, ohne meine Sammler und meine Mitarbeiter, ohne Lena gäbe es keine KÖNIG GALERIE.

————

Die Erzählkonventionen von Memoiren verlangen, dass man zum Ende des Buches mit sich und der Welt Frieden geschlossen hat und voller Weisheit auf sein Leben zurückblickt. Ich kann das nicht. Mein Leben liegt ja noch vor mir. Ich möchte nicht so tun, als sei der Alltag als Sehbehinderter nicht schwierig. Aber ich glaube auch, dass unsere Verwundbarkeit eine Quelle der Stärke sein kann, nicht nur für den Einzelnen. Wir leben in einer Zeit, in der viele Menschen damit beschäftigt sind, ständig ihr Leben zu optimieren und keinen Wert in ihren Schwächen und Unvollkommenheiten sehen. In einer Zeit, in der autoritäre Ideologien wieder in Mode sind, die nur den Gesunden und Kräftigen eine Existenzberechtigung zusprechen. In einer Zeit, die die Schwachen unter uns an den Rand drängt und am liebsten unsichtbar machen würde. Verwundbarkeit ist ein wesentlicher Bestandteil unseres Lebens, und auch als Gesellschaft können wir nur funktionieren, wenn wir ihr genügend Platz einräumen.

Ich kann nicht sagen, was aus mir geworden wäre, wenn ich an jenem Tag auf meinem Zimmer nicht mit der Munition einer Startschusspistole gespielt hätte. Aber es ist, wie es ist.

Dank

Ich danke den Künstlerinnen und Künstlern der Galerie:

Kathryn Andrews, Micol Assaël, Evelyne Axell, Norbert Bisky, Monica Bonvicini, Claudia Comte, Jose Dávila, Peter Dreher, Elmgreen & Dragset, Tue Greenfort, Katharina Grosse, Jeppe Hein, Camille Henrot, Karl Horst Hödicke, Nathan Hylden, Robert Janitz, Annette Kelm, Manfred Kuttner, Alicja Kwade, Helen Marten, Kris Martin, Justin Matherly, Andreas Mühe, Amalia Pica, Anselm Reyle, Julian Rosefeldt, Natascha Sadr Haghighian, Michael Sailstorfer, Andreas Schmitten, John Seal, Jeremy Shaw, Tatiana Trouvé, Daniel Turner, Rinus van de Velde, Jorinde Voigt, Corinne Wasmuht, Matthias Weischer, Johannes Wohnseifer, Erwin Wurm, David Zink Yi.

»Dieses Buch hat Suchtpotenzial!«

GERT SCOBEL

Sie ist über 3600 Jahre alt und die älteste konkrete Darstellung des Himmels, ihre Entdeckung war eine Sensation: Die Himmelsscheibe von Nebra stammt aus keiner Hochkultur des Altertums, sie wurde im Herzen Europas gefunden. Raubgräber entdeckten die Himmelsscheibe auf der Spitze des Mittelbergs in Sachsen-Anhalt, der Archäologe Harald Meller rettete sie für die Öffentlichkeit. Gemeinsam mit dem Historiker und Wissenschaftsjournalisten Kai Michel entwirft er das Panorama des sagenhaften Reichs von Nebra. Es war eine Zeit, in der die Vorstellungen von Göttern, Macht und Kosmos revolutioniert wurden. Die Himmelsscheibe liefert uns den Schlüssel zu einer verschollenen Welt, der wir die Grundlagen unserer modernen Gesellschaft verdanken.

Harald Meller und Kai Michel
Die Himmelsscheibe von Nebra
Der Schlüssel zu einer untergegangenen
Kultur im Herzen Europas

Hardcover mit Schutzumschlag
Auch als E-Book erhältlich
www.ullstein.de

Propyläen

Das wichtigste wissenschaftlich fundierte Buch zur Debatte um Migration und Nationalismus

UNSERE VERGANGENHEIT STECKT UNS IN DEN KNOCHEN
Modernste Genanalysen zeugen von spektakulären Einwanderungen, ohne die Europa nicht denkbar wäre. Die Gene erzählen aber auch von Konflikten, Kriegen und Krankheiten, die seit Urzeiten auf Migration zurückzuführen sind. Als einer der führenden Wissenschaftler hat Johannes Krause die Geschichte unserer Vorfahren erforscht. Zusammen mit Thomas Trappe erzählt er vom unbändigen Drang des Menschen, die Welt zu erobern und Grenzen, gleich welcher Art, nicht zu akzeptieren.

»Johannes Krauses Forschungen öffnen das Fenster in ein neues Verständnis unserer Vergangenheit.« Ranga Yogeshwar

Johannes Krause und Thomas Trappe
Die Reise unserer Gene
Eine Geschichte über uns und unsere Vorfahren

Taschenbuch
Auch als E-Book erhältlich
www.ullstein.de